洪起元功臣府事文録

胡艳涛 编

经济日报
出版社

图书在版编目（CIP）数据

洪起元功臣府事文录 / 胡艳涛编. -- 北京：经济
日报出版社，2021.3
ISBN 978-7-5196-0863-7

Ⅰ. ①洪… Ⅱ. ①胡… Ⅲ. ①洪起元-家族-史料
Ⅳ. ①K820.9

中国版本图书馆 CIP 数据核字（2021）第 041367 号

洪起元功臣府事文录

编　　者	胡艳涛
责任编辑	王　含
责任校对	蒋　佳
出版发行	经济日报出版社
地　　址	北京市西城区白纸坊东街 2 号（邮政编码：100054）
电　　话	010-63567684（总编室）
	010-63584556　63567691（财经编辑部）
	010-63567687（企业与企业家史编辑部）
	010-63567683（经济与管理学术编辑部）
	010-63538621　63567692（发行部）
网　　址	www.edpbook.com.cn
E - mail	edpbook@126.com
经　　销	全国新华书店
印　　刷	成都兴怡包装装潢有限公司
开　　本	710mm×1000mm　1/16
印　　张	19.50
字　　数	240 千字
版　　次	2021 年 3 月第一版
印　　次	2021 年 3 月第一次印刷
书　　号	ISBN 978-7-5196-0863-7
定　　价	56.00 元

序　一

熊宗荣

　　一个民族有民族精神，一个家族有家族精神，民族精神与家族精神的融合，便是国家精神。国家精神的持恒和弘扬，能使民族兴盛、国家昌永、人民安居乐业。

　　洪氏家族在应山不属于大家族，他的人口远没刘、王、张、李、陈等姓氏的人口众多。但洪氏家族在应山当属于显族无疑。所谓显族，不在于人口多少，而在于这个家族在历史上出了多少仁人志士和英雄豪杰，他们为国家为民族甚至为家乡立下了多大功劳，做出了多大贡献，有没有一种世代传承的、永恒不变的崇高精神。

　　读《洪起元功臣府事文录》稿，始知应山洪氏家族在历史上出了一名叫洪起元的精英。他和他的家族在国家危难之秋挺身而出，应募从军，身经百战，立下赫赫战功；在任上兢兢业业，无私奉献，勤政为民，深受百姓爱戴；在家乡受灾之时，倾尽家财，赈助乡里，救百姓于水火；为乡邻革除里（积）弊，扬善去恶，自治创新，保一方清平，等等。这些，就是洪氏家族的高尚精神。百姓感念其恩，撰文勒碑，永志不忘；朝廷感念其诚，授左都督、上国柱、正一品，敕建开国功臣府，以表彰其功绩，颂扬其精神。

　　洪氏家族精神，最为显著的是保家卫国精神。国家有难，匹夫有责。这是中国数千年来的一句古训，也是无数仁人志士、英雄豪杰的一种责任和担当。当时，国朝初立，内乱未除，烽烟四起，社会不得安宁，百姓深陷水火。洪祖起元，时乃一清平布衣，在时局危难、国家不保时挺身而出，应募从军，英勇善战，屡立奇功。他从士兵做起，步步升迁，直至左都督。难能可贵的是，洪起元在时局混乱之际，明辨是非，笃信大局。当直接上司叛变，同僚皆随从叛变时，他能一人坚定信念，不随波逐流，毅然率部脱离叛军，并英勇杀敌，破城解围，剿灭叛贼。更为可贵的是，洪起元在敌我悬殊之时，毫不畏惧，冲锋陷阵，奋勇杀敌，身负重伤，毫不退缩，犹杀敌数众。最后，以凛然正气，逼退敌人。

保家卫国，父子上阵，同心戮敌，这是洪氏家族的一段佳话。像历史上抗金保国的"岳家军"，收复台湾的"郑家军"，抗日杀寇的回民支队"马家军"一样，在"三藩作乱"时，洪起元令子洪一栋在家乡招募乡勇，随军效力。因洪氏父子同心戮力，英勇善战，逢坚必克，每战必胜，人称"洪家父子敢死军"。每临大战，只要"洪家父子敢死军"这面大旗高高竖起，兵士无不死命向前，所向披靡，敌军无不望风而逃，溃不成军。在乱军占据武昌，连克应城、安陆，剑指应山，情势危急，家乡不保时，已是高龄退休在家的洪起元令子拿出银两，招募乡勇，集结家丁，高竖"洪家父子敢死军"的旗号，父子横刀立马，威风凛凛，立于应山城外。这阵势竟吓破敌胆，酋首望旗不战而走。一生征战，横扫东南，父子相随，历经艰险，保家卫国，洪氏家族的这种精神发扬到了极致。

倾心敬业，勤政为民，这是洪起元之子洪一栋一生的精神写照。洪一栋少时随父从军，为国效力，屡建奇功。洪起元逝世后，朝廷委派洪一栋任福建省台湾府海防同知。洪一栋上任前，将家田低价售于乡邻，携财上任。表明洪一栋立下了为国赴艰，四海为家，不治理好台湾誓不还乡的坚定信念。

洪一栋初到台湾，便轻车简从，深入民众，访贫问苦，调查研究。其后针对当地实情，革除旧制，兴利除弊，肃清贪腐，惩治豪强，锄奸除恶，以恤百姓。他还针对当地水运码头业务，鼓励货运通航，商贾兴市，繁荣经济；鼓励士民垦荒积粮，以备荒灾岁歉。洪一栋任职台湾多年，勤勤恳恳，兢兢业业，严于律己，清正廉明，两袖清风。他常年扶弱助贫，不动公帑，皆由私出。初由应山赴台任职时，携家财两万余金，官九年而尽。他礼贤下士，辛劳为民，造福一方，深受台湾百姓爱戴。朝廷定制，地方官员三年当替，但台湾"士民请留"。留三年，再请，再留。凡九年，前未有也。一个封建时代的地方官，能让百姓请留三任，可见他的品德高尚之极，可见百姓对其爱戴之深。这与同出应山的明代清官杨涟在常熟连续留任，最后百姓十里长亭相送的情节何其相似！

　　洪一栋一生勤政，不辞辛劳。年60，还冒暑巡海，后中暑一病不起，辛劳致死。俯首为牛，勤政为民，以身殉职，鞠躬尽瘁，死而后已。台湾士民闻讯如丧考妣，悲声遍于民巷，罢市三日。洪一栋功德昭日，精神不朽！台湾官民在台南立《纪功碑》，以志不忘。

　　为国为民，无私奉献，这也是洪氏一脉相传的家族精神。洪祖起元，20余岁应募从军，身经百战，直至暮年回归故里荣养天年。洪一栋17岁投军效力，最后累死台湾任上。可以说，洪氏父子是为国为民奉献一生。他们还在国家和人民危难之时，倾尽家财，招募乡勇，支援前线。并以私产"为众赡其家"，让上前线参战的乡勇们无后顾之忧。所以，乡勇们在战斗中皆死命向前，逢战必胜，每战必克。

　　在家乡连年荒歉，百姓饥寒交迫、流离失所、四处逃荒之时，洪起元父子捐银万余两，粮食千余石，自设粥厂多处，为难民就食，救济灾民数十万。洪氏家族的这种善义之举，没有朝廷指派，没有官府号召，没有任何人动员和强迫，纯属洪家的自觉行动，无私奉献。这与历史上每逢水旱天灾，百姓走投无路时，那些奸商大贾、大户豪门趁机哄抬物价，囤积居奇，高利盘剥，大发国难财的行为比较起来，洪氏家族的这种无私奉献精神何等高尚！

禁革里役，轻徭薄税，造福乡里，是洪起元晚年的一大贡献。洪起元一生为国效力，功勋卓著。到晚年身居朝廷敕建的开国功臣府荣养天年时，还不忘发挥余热，造福乡里。国朝定鼎之初，战争频繁，用度浩大，一切皆取之于民，可谓权宜之计。但久相延续，已成定规，且有增无减，百姓不堪重负。加上应山数届官员贪图安逸，不事辛劳，一切赋税徭役皆由里役、大差包揽行事。造成里役大差狐假虎威，大包大揽，名目繁多，巧取豪夺，贪得无厌。致使百姓倾家荡产，骨枯髓尽，四处逃离，哀鸿遍野。洪起元眼见乡邻受难，义愤填膺，拍案而起，联合地方乡绅名士，上书应山知县和巡抚部院，革除里徭，废除差甲，实行官征官解。制定"均摊法"，即一切赋税均按实有田亩均摊，取消名目繁多的苛捐杂税，尽量减轻百姓的负担。革新实行数年，应邑境内渐复生机，士农工商各得落业，城市乡村添房盖屋，各理窝巢。人民安享，官清民乐，得有太平之庆。

厚礼重文，是洪氏家族文化的精髓。信守礼义、崇尚文化，是维系洪氏家族数百年来久盛不衰的精神支柱。洪氏家族数代精英均能倾心尽力地为国效力，为民造福，追根溯源，乃是中国几千年来孔孟文化礼仪之道的精神衍生。

洪氏家族在明代时，数辈先祖皆为进士出身，官至大理寺少卿、留守司，可谓豪门旺族，书香门第。其后数代或为举人，或为塾师，或为学者。特别是到了洪成鼎、洪万贞辈，均为教育家，许多文化名人和著名学者皆出其门下。《洪起元功臣府事文录》书稿"洪氏艺文"中附录了洪起元、洪一栋、洪成鼎、洪万贞等人的文章、诗词和楹联多篇。这些作品或撰家史，或做传记，或赞前贤，或颂山河，或抒情怀，都是难得的美文佳作。

　　正是深受中国传统文化孔孟之道的熏陶，所以，礼仪道德成了洪氏家族精神中最为显著的特色。孝悌亲情，贯穿着本书的始终。洪起元随父逃难，躲避兵祸，父沦贼群。洪起元为救父不畏生死，冲入敌群夺刀杀贼，负父而出。父亲逝于路途，洪起元负父骸归，葬于母墓侧。洪起元的兄长和弟弟相继早亡，两家遗留五孤儿，洪起元义不容辞，尽心尽力将其抚养成人。

　　洪起元子孙辈洪成鼎、洪成己均被举为孝廉。洪成己还领衔应山名流数十人，请求清廷旌表名孝子韩其煌，得到朝廷肯定。应山县城的"理学街"、"孝子里"成了应山孝文化的标志，孝文化的精神世代相袭，流传至今。洪氏家族为应山推行孝文化做出了不朽的贡献。

　　民国著名教育家、地理学大师林传甲之父系外地人，当年客死应山任所。林家孤儿寡母，回不了原籍，举家无所依。洪万贞怜悯之，接纳其一家五口寄住于洪氏开国功臣府。帮扶之余，悉心教导林家三兄弟，令他们相继功成名就。

　　忠孝传家永，仁义礼智信，是洪氏家族精神中精髓的精髓。

　　以上赘言，是以为序。

2019 年 12 月 26 日于应山

熊宗荣，湖北广水人。湖北省作家协会会员，随州市作家协会顾问。历任中共广水市委常委、宣传部长，广水市政协主席，随州市政协常务副主席、党组副书记。先后出版《山道弯弯》《小河弯弯》《访美见闻》《昔我往矣》《日照金瓯》《云水天涯》《人间正剧虎将军》等作品多部。

序　二

黄海卿

　　所谓乡贤，其德其行，乃为时人敬重，后人引以为傲。湖北洪起元父子乃至其应山家族，便是如此。

　　洪起元为清初名臣，列清国史馆编《汉名臣传》第九位。其南征北战，所向披靡，战功赫赫，官至左都督、上柱国、正一品。告老还乡之际，朝廷敕建府邸，康熙帝御笔赐匾"开国功臣府"，以彰其功。洪起元"乐施好善，义举不胜指屈"，见徭赋不公，遂是上书，革除积弊，减轻百姓负担。遇有大荒之年，不仅出粮助赈，而且自设粥厂，附近六县饥民，多有前来就食。"乡人德焉"。

　　洪起元之子洪一栋，出任福建台湾府海防同知，清正廉明，宽严互施，善政多多。其护台海安宁，大兴商船贸易，且变卖家田，尽贴于百姓，"民无烦苛之苦，有乐土之安"。三年任满，士民哭留，又任三年，士民再留，遂是三任，官九年，"前此未有也"。后冒暑巡海，病死于任所。"台湾民巷哭罢市，如丧考妣。追思之，请祀名宦祠。得如请。"其功德碑在今台南市，至今为台湾人民瞻仰。

　　应山洪氏，自洪起元，代有贤达，或为清官，或为学者，或报效国家，或造福桑梓，家风乐善好施，人们交口称赞。"功臣府"收留福建林氏一家12年，洪万贞悉心教导林氏三兄弟，"今传甲名满天下，传树业重京师，传台拓殖塞外，而洪先生成器之训，不徒为楚学光矣!"洪家收留、教导林传甲,使其成为中国近代史上著名的教育家、方志学家,乃是中国文化史上的一段传世佳话。

　　乡贤文化,是中华优秀传统文化的组成部分,是一个地域的精神文化标记,是教化乡里的重要精神力量。7年之前,我从洪起元后裔洪流先生处得知,他们打算汇编洪氏家族的文献成书,意在留存史料,传播乡贤文化。我深表赞同,认为很有意义。且一直关注,期待早日问世。

　　然而,要想从浩如烟海的古籍资料中,搜寻打捞应山洪氏贤达的珠贝,考证汇编,谈何容易。此项工作,甚为艰辛。若非对文史情有独钟,若非对乡贤深怀敬意,若非板凳甘坐十年冷,是不可能做到的。

　　洪氏文献的汇编者胡艳涛先生,头顶湖北省中华诗词学会、随州市炎黄文化研究会、随州市民间文艺家协会会员,广水市作家协会理事,广水市诗联学会马坪镇分会副会长兼秘书长等诸多"光环",实则为一乡镇农民,父母多病,独自赡养,生计可谓艰难,却是晴耕雨读,矢志乡邦文史研究。处于物欲横流的时代,置身充满浮躁的社会,传统文化日益沙漠化的环境下,能够抵御诱惑,能够静心研究,能够出有成果,是难能可贵的,是值得尊敬的。

　　这部《洪起元功臣府事文录》,即为洪起元家族文献汇编,时间跨度自清初到民国,以"功臣府"为主轴,辑录洪起元及其子孙洪一栋、洪国彰、洪成鼎、洪万贞等人所遗存传世的诗文,另收录涉及洪氏人物传记、碑刻、诗文唱和及其他相关文献多篇,并加以注解,为地方洪氏乡贤的研究提供了信史,展现了应山县(今广水市)洪氏家族200余年间,报效国家、造福家乡的家国情怀。

　　自有编书设想,前后历时10年,书终于定稿了。时间有点儿长,但"好饭不怕晚"。这将是中华人民共和国成立以来,广水市(前应山县)第一部公开出版的乡贤文献专著。意义重大。值得祝贺。

　　我的微不足道的成就，并不足以让我担当为人作序的重任。然而本书编者与洪氏后人再三相请，让我"说两句"，再三推辞不得，只好勉为其难。

　　愿有更多的文化研究者，关注乡邦文化，多加挖掘整理，推出更多的乡邦文化成果。无数的乡邦文化的涓涓细流，汇成中华文化的泱泱洪流，灌溉中华大地，润泽中华儿女，生生不息，代代相承。

2020 年 8 月 26 日，于三里河畔

黄海卿，中国诗歌学会、湖北省作家协会会员，湖北省作家协会小说委员会副秘书长，广水市文联副主席、作家协会主席，《映山红》文学季刊主编。

目录 CONTENTS

辑一　事略

洪起元功臣府事文录

洪起元

胡艳涛

　　洪起元（1621~1696年），字瑞芝，号义庵。应山县人。曾祖洪荣仕，嘉靖癸未科（1523年）进士，任汝南留守卒于官，遇到饥荒，道路阻塞，就近葬于应山县。

　　洪起元天生魁梧健硕，方头大耳，臂长如猿。善于射箭，精通用兵方略。顺治元年（1644年），正值乱世，洪起元与父亲洪建相携避乱，途中遇到强盗，父子被冲散。他追入贼巢，见到父亲，便大骂强盗。强盗欲杀其父，洪起元大叫一声，夺刀将贼杀死。另有强盗上前搏杀，均被他杀死。余贼大惊，不敢逼近，任其父子离开，不敢追赶。不久，洪建在途中病逝，洪起元连夜背负遗骸，送至应山祖茔安葬。

　　顺治二年，英亲王阿济格师师下九江，洪起元应募从军，以首功升任游击。英亲王还朝，他调属总兵金声桓，从征吉安、赣州、南安、宁都、兴国、会昌等地，均立下战功。顺治四年，洪起元援助瑞金、宁都，攻破诸多寨堡，擒拿斩杀敌人无数。

　　顺治五年，总兵金声桓叛清。与洪起元同时从军的参将、游击官如韩应琦、杜三畏等33人均追随叛清。闻讯，洪起元率所部470人进入赣州城，投效巡抚刘武元。黄昏，金声桓率军围困赣州，以云梯攻城。洪起元率军在城上搏杀，敌兵稍稍退却，他即领兵出城追赶，斩杀数百人，夺得云梯 18 座。返回城中，刘武元赠以马匹，下令为其鸣锣开道，誉为"忠勇好男儿"。3 个月后，赣州城解围，洪起元与游击孔国治分水陆两路追击叛军，尽数收复金声桓占据的城池。同年十月，广东总兵李成栋叛清，攻打赣州。洪起元协同参将鲍虎从小东门分兵出击，连克叛军堡垒 18 座，缴获红衣大炮 72 门，追击至南安才返回。

顺治六年，金声桓、李成栋相继伏诛。洪起元又领兵攻打南明将领曾同旦，收复雩都。余党董方策逃出，他领兵追击，斩杀千余人。洪起元进军援救新丰，生擒叛军统帅两人。同年，土民彭贺伯、彭顺庆占据宁都抗击清军，副将高进库久攻不下。洪起元又领兵至宁都，率先攻破城池，会同高进库斩杀彭贺伯、彭顺庆。

后人绘制的洪起元画像（《洪氏宗谱》图片）

顺治十年，刘武元等上奏，说洪起元不出南赣吉安，身经大小数十战，战功卓著，他被授任都司，署理南赣镇标游击。次年，洪起元与南昌驻军合力攻打南明将领曾成吾，连破镇南、太湖诸城寨，救出广昌县妇女 120 人。顺治十二年，洪起元发兵汀州，斩杀南明伯爵陈其伦于大柏。五月，署任左协副将。

顺治十三年，洪起元统领左协军队至梅窖峒，进剿盘踞于此的南明将领曾象吾等人。通往梅窖峒的道路险峻，不容车马通行。清军出击，敌兵凭险据守；清军稍退，则四出攻掠，连续多年久攻不克。他攀岩而下，发现有 8 处石穴在晚上有亮光，即令在此燃烧草把，以烟雾迷惑敌人，使其自乱。后果然奏效，攻克梅窖峒。是年冬，洪起元进军福建清流，剿平以妖雾作乱的妇人，斩杀 3000 余人。总督、巡抚、巡按、总兵相继为其请功。

顺治十五年夏，洪起元任江西南赣镇标中营游击。顺治十八年（1661 年）冬，统兵进剿南明通海侯李玉庭。翌年四月，俘获李玉庭，斩首数十人，资助流民粮食 3000 石，令万余人回家恢复常业。

康熙四年（1665 年），洪起元被推举署任郧阳镇标参将。康熙八年，他调任武昌镇标参将。次年，改任永州镇标参将。康熙十二年，洪起元以副将衔署任浙江提标中营参将，驻军宁波。

康熙十三年，靖南王耿精忠响应平西王吴三桂，占据福建叛清。洪起元令子洪一栋在应山募集乡勇 150 人，组建线枪队，号"洪家父子敢死军"。八月，他在白米堰追击叛军，将其围困于蒿坝江，收复嵊县。又进军陶家堰，斩杀敌军主将两名，沿樊江追击至乌门山，复斩杀敌军主帅一人。三日三捷，斩杀叛军 1200 余人。十一月，洪起元统兵援救台州，转战五日，斩杀叛将 8 人，生擒叛将 4 人，杀敌无数。十二月，叛将曾养性率军万余人夜攻台州，于火光中辨识出洪起元，用鸟枪击中其喉部，他仍力战不退。洪起元归营昏厥一日方醒。时和硕康亲王杰书为主帅，赠酒慰问，固山贝子以下，都来慰问。战事正酣，洪起元仍早晚巡查各营。月余后伤愈，和硕康亲王及诸将赠予锦袍、貂帽、骏马等慰劳。本月，他升任严州副将。

康熙十四年春，耿精忠亲自修书招附，洪起元不受。不久，洪起元以军功升任都督同知。八月，洪起元统兵进驻遂安。至次年二月，先后 5 次大捷，生擒及斩杀叛将百余人，剿杀叛军 3300 余人，释放胁从者 14 人，救出被掠妇女 150 人。七月，开化叛将白显忠派使劝谕归附，洪起元大怒，拔刀斩断几案，下令将使者乱棍轰出城外。他立刻上书总督，引军进抵开化，四战之后，斩杀叛军 3700 余人，攻占开化、遂平。招降叛将 300 余人，叛军两万余人，抚慰流民两万人，使其恢复常业。九月，和硕康亲王攻入福建，耿精忠投降。洪起元扫除处州、温州的余党，收复云和、松阳、龙泉三座县城。

康熙十八年，兵部议叙战功，洪起元加三等，升左都督。又立战功，已无等级可加，仅载录战功于记录簿，食一品俸禄。本年，洪起元请求致仕。清圣祖下诏在应山敕建开国功臣府，并御赐家族字派"一国成忠万世兴，显亲为孝福星临；诸官廉洁如山重，传家仁义永远行"，联中嵌入"忠孝莭羲"，以示对他功勋的褒扬。次年，洪起元集淳安、遂安（属严州府，与徽州府歙县相邻）两县洪氏家谱，主修《严陵洪氏统宗谱》10 卷。康熙二十一年，洪起元卸任严州副将致仕，荣养应山开国功臣府。

康熙二十六年，洪起元请于应山知县任启元，制定"均摊法"，革除苛捐杂税，减轻百姓服徭役的负担，他亲书碑文，刊刻于石。复捐资在印台山修建任启元生祠，买田七石，永为祭田。洪起元又修复印台山大慈庵，添设两厢房舍，营造"洪起元特建护国助战金星阁。"

康熙二十七年，湖广督标裁减大批兵员，引起军队哗变。众人推举竟陵（今天门）人夏逢龙为首领，率众举事。军队很快占领武昌城，湖北布政使叶映榴自杀，文武官员悉数仓皇出逃。夏逢龙自封总统兵马大元帅，队伍发展到数万人。夏逢龙分兵攻打附近府县，一度攻占应城及德安府，剑锋直指应山城。全城惶恐之际，洪起元令子洪一栋捐银 2000 两，募集乡勇 200 人，又集结家丁 200 人，开赴城外结营驻扎。夏逢龙部逼近应山，洪起元据鞍上马，指挥自若。洪家军威名赫赫，夏逢龙部见其军容严整，自知难敌，遂引兵退去，应山城得以无恙。

康熙二十八、二十九两年，德安府连年荒歉，洪起元捐资万余两，捐粮千石，自设粥厂 6 处，连续助赈数月，救活府属 6 个州县及周边州县数十万百姓。康熙三十一年，应山举行乡饮酒礼，洪起元为大宾。康熙三十五年，洪起元病逝于应山。其后崇祀乡贤祠。

乾隆三十年（1765 年），清高宗下诏编纂《满汉名臣传》，洪起元长曾孙洪成鼎呈送家传及其行状到京，名列汉臣第七。3 年后，兵部尚书彭启丰亲撰《荣禄大夫骠骑将军镇守严州左都督洪公起元神道碑》。

文献来源：《人文广水》

洪一栋（附洪国彰）

胡艳涛

　　洪一栋（1658～1717年），字硕庵，号石臣。武廪生。洪起元长子，按御赐字派取名一栋。幼年聪颖，弱冠为诸生，人称"洪公子"。洪一栋少年意气风发，颇负气节，善于骑射，热衷于谈兵论战，有乃父之风。

　　康熙十二年（1673年）冬，三藩作乱。次年，耿精忠据福建叛清，引致浙东骚动。洪起元当时驻军宁波，令洪一栋在应山募集乡勇，日夜操练骑射，以图助战。七月，洪一栋率领一支150人的队伍至浙江提督府请战，随即编为线枪队，以赤色旗为标识，派往洪起元军中效力。因他们每战必胜，人称"洪家父子敢死军"。

　　康熙二十一年（1682年），洪起元致仕荣养应山，清世祖敕建开国功臣府。三藩平定后，洪一栋记军功二级加4次，初授知县，又授兵马司指挥使，后加官至府同知，但他以奉养双亲为由，力辞不应选。在洪起元逝世13年后，康熙四十八年，洪一栋应选就任台湾府海防同知。赴台之前，他低价卖出良田二三千亩，以便应山乡民就食。卖田所得及洪起元遗产共计2万余两，悉数携带入台。

　　台湾土地肥沃，台民不能尽数耕种。大陆贫困之家赴台开垦，动辄发家致富。他们丰年不储粮，遇到大旱之年，或死在台湾，或逃回大陆。入台商船停泊港口，稽查官吏贪赃纳贿，商人怒不敢言。

洪一栋到任后，走访勘察，处贪罚蠹，严禁贿赂。商船抵港，及时查验放行，给予商人便利。遇到荒年，开库平抑粮价，鼓励商人运粮赴台，百姓免受饥苦。署理凤山、台湾知县期间，他悉心发展文教。海防同知任期三年届满，洪一栋将有升迁，台湾民众苦求留任，又任三年。任期又满，台民复求留任，再任三年。为官凡九年，为开发台湾，洪一栋将家资2万余两贴补殆尽。

康熙五十六年夏，洪一栋冒暑巡海，即一病不起，不久卒于官舍。台湾各地士民惊闻噩耗，如丧考妣，悲声遍于民巷，罢市数日。台湾官民在台南五条港树立《记功碑》，崇祀其神主入名宦祠，永铭功德。家乡百姓敬重他的侠义精神，仁爱惠民，将其牌位请入乡贤祠崇祀。

考镜源流，洪一栋是首位赴台做官的应山人。

后人绘制的洪一栋画像（《洪氏宗谱》图片）

他为台湾的早期开发、社会稳定，鞠躬尽瘁，不仅慷慨贡献家财，甚至奉献出自己的生命，居功至伟。时至今日，他维护国家统一的精神，仍令世人感佩。

文献来源：《人文广水》

附

洪国彰

洪国彰，字逊瞻。应山县城礼下街（今理学街）人。洪一栋长子。以祖荫出仕，初任浙江布政司经历，雍正五年（1727年），升任福建省直隶福宁州知州。因其前任亏空库银，受到牵连，洪国彰被迫偿还库银6000两，致使家道中落，修建家庙的凤愿难以达成，晚年引以为憾。

弟国宝，字民瞻。候选千总。克守家风，遇到荒年，卖出田产14石助赈。早年，洪一栋在四关设茶庵，两次捐修洪济桥，方便行旅。洪国宝继承父志，独自出资修缮洪济桥。

参考文献：同治《应山县志》、乾隆《福宁州志》等。

洪成鼎

胡艳涛

　　洪成鼎（1721~?），字子镇，号悔翁，应山县城礼下街（今理学街）人。洪国彰长子。乾隆戊午科（1738 年）举人。初任宜昌府鹤峰州训导。乾隆三十六年（1771 年），拣选四川潼川府安岳知县。次年，因不谙官场作风治绩，遭到弹劾，改任教职。乾隆三十八年，值清高宗征讨大、小金川，洪成鼎调任格节萨军站站员。是年五月十九日至二十一日，连日大雨如注，突发山洪，木桥、索桥及东岸河坎被冲毁，通道受阻。他调集役夫工匠连夜赶修，因其处置得宜，受到奖赏，记录军功数次。

　　脱离官场后，洪成鼎寓居成都，流连名山大川，访古探幽，创作了大量诗文，名重川蜀。乾隆四十年前后，洪成鼎受聘任重庆府合州合川书院山长。他执掌书院 6 年，成就甚重，世称"合川四子"的张乃孚、杨士鑅等，大都是其入室弟子。乾隆四十六年秋，洪成鼎年满花甲，囊橐空空，携一船奇石，顺江而下，回到应山（一说复任鹤峰州训导）。

　　洪成鼎工诗善书，推崇米芾书法，用功很深，重视整体气韵，兼顾细节完美。应邀书写"古会江楼"四字门楣，摹补合州旧署唐李阳冰手迹，人皆称奇。痴迷奇石，亦如米芾。他喜读陶渊明诗，提笔多有仿效。在成都时，洪成鼎不修边幅，用挂杖挂着大瓢笠帽，着棕鞋穿街过市，所到之处，琅琅有声，常被孩童取笑，也不瞻顾。即使遇到达官贵人或相识者，他也不避讳，依然故我，更不表现出慎重的神情。洪成鼎会客不屈节退让，时常以前辈自居。为人古雅质朴，追慕魏晋名士风范，性情狂放不羁，不为多数人所接纳。四川按察使查礼对其深为赏识，邀集同僚出资，将他的诗文《北地王叹》《谯周论》等镌刻于石，置入成都武侯祠内。

雍正六年（1728年），直隶福宁州知州洪国彰受到前任牵累，赔偿州库库银 6000 两，致使家道中落。他创修洪氏宗祠的夙愿也随之落空，只能寄望后人。洪成鼎谨守孝道，乾隆三十年，朝廷拟修《名臣传》，他延请名家代拟家传，连同先祖洪起元行状呈递到京，使洪起元的事迹载誉国史，千古流芳。3 年后，洪成鼎改建开国功臣府，创修家庙延修堂。

洪成鼎性情不羁，不善为官，结交僧道，不好名利，喜欢自由洒脱的田园生活。他善书，痴迷奇石，融会贯通儒释道三家精义，醉心研究易经。所教授的弟子，多青出于蓝而胜于蓝。乾隆年间，应山诗人声誉未隆，幸有洪成鼎享誉蜀中，名列《益州书画录》《湖北诗征》。

文献来源：《人文广水》。

洪万贞（附林传甲）

胡艳涛

洪万贞（1826~?），字乾四。应山县城礼下街（今理学街）人。洪起元五世孙。知名塾师、湖北地方自治的先行者。母亲杨氏，是晚明忠烈杨涟的玄女孙。

1886 年（光绪十二年），张之洞从子张枢任应山知县，捐输养廉银定制门牌在县城发放。与此同时，张枢提倡在应山民间试行自治。洪万贞以学识通博，年岁最长，被公推为主事人，由乡贤韩幼华、曹英亭、李沐卿等人辅佐。1890 年 8 月，因张之洞署任湖广总督，张枢避嫌调离，而应山民间自治事业在洪万贞推动下得以延续。

洪万贞在开国功臣府锡善堂内设塾教学，授课之余，办理保甲、团练、义仓、义学、赈捐、育婴各项事宜。洪万贞不另设办公场所，不设办事吏员，不经手公款，节庆不收祝礼。乡民有疑难之事，兴利除弊之言，都向他求教。遇到纠纷，经他居中调解，无人不服，弟子均称赞洪先生公平持正。洪万贞谙熟时务，尤其重视全县学童的教育，对应山户口、产业、资财情况了若指掌，几案右端常年摆放着本县 52 会的户口簿册。

从 60 岁主持地方自治，他精神饱满，勤勉谨慎，不厌不倦。洪万贞服务应山公益 12 年，从不支取薪水，视之为理所当然。册籍抄写都委之儿孙弟子，洒扫皆让弟子任劳，弟子也奉命参与，踊跃实习。

　　传道授业，先正己身。洪万贞奉养老母，谨遵孝道，于杨氏百岁时大宴宾客，在开国功臣府前的街道上修建百岁坊。洪万贞秉持祖训，乐善好施。应山典史兼平靖关巡检林文钊卒于官舍，家小无依无靠，他将孤儿寡母接到锡善堂妥善安置。林氏子弟林传甲、林传树、林传台都拜在他的门下，在其悉心教导下，相继功成名就，成就中国文化史上的一段美谈。

　　民国著名教育家、地理学大师林传甲曾说："自治不在法令，而在实行；不在经费，而在道德。"他提出，地方自治是民国共和的根本，而恩师洪万贞主持的应山地方自治，做出了实绩，是湖北地方自治的典范。

附

林传甲

　　1875 年（光绪元年），闽侯林文钊（字丽生）始任应山县典史，因审案仁爱宽容，办案勤勉而又有才能，受到上司器重，改调署任平靖关巡检。

　　1883 年，林文钊之妻刘氏，携长女林贵馨，三子林传甲、林传树、林传台及乳母万贾氏迁居应山典史衙署。6 月 12 日，林文钊卒于任，家人将其灵柩运往武昌安葬后，又重返应山，迁居开国功臣府锡善堂。锡善堂在礼下街（今理学街），是典史衙署的北邻。林文钊逝后，林家家境渐窘。当时洋布输入不多，应山纺织业尚为主业，林母刘氏与林贵馨及万贾氏以织布为业，勉力维持生计。

　　1883 年，林传甲 6 岁，师从应山塾师杨宝书先生学习小学。此后，拜入洪万贞门下求学。洪万贞是清初开国功臣洪起元五世孙，其母杨氏为明代忠臣杨涟的玄孙女。林母刘氏与百岁老人洪母杨氏性情相投，以师礼待之。其后，林传树、林传台后相继拜在洪万贞门下。

1886 年，张之洞从子张枢任应山知县，支持洪万贞、韩幼华、曹英亭、李沐卿等试行应山地方自治。洪万贞授课之余，在弟子们的帮助下，办理赈捐、育婴等事宜。林传甲也为此出力良多。

林家在应山生活了 12 年，于 1887 年离应赴汉。在此期间，林家人得到了应山民众的善待。林传甲在应山发蒙，受到母亲刘氏及恩师杨宝书、洪万贞的悉心教导，有神童的美誉。应山官绅分出义仓的粮食，拨出宾兴馆的钱款，负担林传甲兄弟的膳食与学业所需。而这些恩惠，应该与洪万贞的主动作为有着莫大的关系。

1912 年，林传甲出任中国地学会《大中华地理志》总纂，编纂《大中华湖北省地理志》，应山人宋祖坤（字厚舆）、洪兴第（字奎堂）、闵雄飞（字剑冲）、魏国华（字海云）、孙志道（字子立）给予了大力支持，著名塾师聂辛炼（字戢武）欣然为之题词。

林传甲一生致力于教育与地理学研究，著述宏富，是清末民初著名的教育家、地理学大师、黑龙江近代教育的奠基者。事业有成后，他曾说："在应山读书十二年不迁，乃能学得'有恒'二字也。"对此，孝感人邓鼓翔曾评价说："乡贤洪乾四耆年讲学，闽侯林氏三子从之。传甲儒而商，传树佛而医，传台道而农，先生因材施教，循循不倦。今传甲名满天下，传树业重京师，传台拓殖塞外，而洪先生成器之训，不徒为楚学光矣。"

文献来源：《人文广水》

洪兴溥

胡艳涛

　　洪兴溥（1879～1947），字济川，以字行，应山县蔡河镇麻穰市汉泥冲人。前清县学庠生。他好学不倦，早年在汉泥冲教授私塾，颇有声望。北伐战争胜利后，农民运动迅速发展。省民协将应山列为全省农民运动重要的县份之一。从 1926 年 10 月开始，省民协先后派黄民钦、吴光德等 12 名农运特派员来应山指导农运工作。11月，农运特派员黄民钦与袁子述一起来到麻穰市汉泥冲拜会洪济川，动员他出面开办平民学校，将当地贫苦农民聚集起来，为成立麻穰市农民协会做准备。麻穰市农民协会成立后，推举洪济川任委员长，后相继建立观音堂、汉泥冲等 7 个分会。

　　1927 年春，应山县农民协会举荐洪济川、柴凌阁、袁子述三人为代表，出席湖北省第一次农民代表大会。推荐过程中，因洪济川是前清秀才、私塾先生，有部分人对其身份提出异议，询问黄民钦委员："为什么不选个农民当代表？"黄民钦解释说："经多方考察，洪济川先生人品耿直，有正义感，在当地很有声望。地方恶势力曾多次要他出面搞红、黄学会，他都没有理会。洪先生对孙中山的三大政策和北伐战争的胜利却深表拥护和高兴。前一段时间，麻穰市农民协会顺利成立，洪先生做了不少工作。推荐他当代表，有利无弊。这是我们经再三研究后做出的决定。"至此，大家心服口服。

3月4日，省第一次农民代表大会在武昌召开，毛泽东、陈潭秋等出席会议并作重要指示。会上，洪济川代表应山县发言，介绍了本县农民运动的发展情况。

4月初，省农代会闭幕，黄民钦、洪济川一起回到麻穰市，主持召开了应山北乡宝林会、北十会、北廿会、北四会等7个会的农协、妇协、童子团千人大会，传达省农代会的精神和议案。会后一段时间，应北蔡家河、监生店、麻穰市、北小河、平靖关、黄土关、高楼坊、郝家大店等地的农民运动达到鼎盛。

7月15日，汪精卫在武汉政变，宁汉合流，施行"清共"。8月上旬，湖北省农协改组委员会通知各县农协停止活动，农协组织解体。同年秋，因叛徒告密，洪济川身陷险境，不得不逃往河南驻马店，在皮显保家中避难8年。抗日战争爆发后，他才回到家乡继续参加革命工作。1947年，因积劳成疾，洪济川在家乡病逝，享年68岁。

洪济川是继洪万贞之后，又一位关心地方时务的洪氏了·孙。他思想开明，在大革命时期积极投身农民运动，是应山农民运动的杰出代表、先驱人物。抗日战争爆发后，他仍不畏艰险，动员当地农民积极参加抗日活动，以致积劳成疾，不幸病逝，以生命践行着应山洪氏爱国爱乡的优良传统，后世应当永远铭记。

参考文献：《应山县志》《应山文史资料》第一辑、《鄂北风云》第一辑、《洪氏宗谱》。

辑二　世系

洪起元功臣府事文录

世谱上

　　洪氏本居河内共城（今怀州）。号为衣冠右族。自汉武帝徙之燉煌（今凉州）。遂为塞垣[1]之民，习尚武勇。汉法材官[2]善骑射者，得补武功爵级，故缙绅儒雅之士无闻焉。自东汉和帝以后，西羌[3]强盛，侵夺掠地，洪氏始自敦煌南徙天水（泰州、成州）。继而羌寇秦陇，复自天水再徙冯翊。同州。未几羌又寇三辅，乃东徙青州临淄郡之青弋县居焉（临淄，今邑都府，古谱云：青弋县麻子乡金竹里）。青，齐地，肥沃有鱼盐丝枲[4]之饶，俗尚儒雅。洪氏居之数世，其仕者皆在青、许之间。有曰誉者为奉议郎，曰暠者为城门校尉，曰钦者为元城令，曰嵩者举孝廉为太尉黄琼府参军，皆有才名。

　　汉末黄巾贼起，东土骚动。洪氏自青州分其瑓，而南汉末黄巾贼起，东土骚动，洪氏自青州分其族，而南徙徐之彭城（今山东之徐州）。一徙扬州之寿春，为袁术部将。术败死，从术妻子渡江，依孙策，居于宣城。有曰矩，仕吴为庐江太守，居官清俭，归舟载玉。又有曰明、曰进者，仕吴而居歙。其名见之于陈寿《三国志》。今宣、歙之洪，皆其

　　1　塞垣：本指汉代为抵御鲜卑所设的边塞。后亦指长城；边关城墙，又指边塞、北方边境地带。

　　2　材官：勇健的武卒。一种秦汉时始设置的地方兵种。

　　3　羌：同“羌”。

　　4　枲：不结子实的大麻。其茎皮纤维可织夏布。

后也。徙彭城者，后徙下邳（今邳州）。又曰平者，仕魏为将军。从邓艾伐蜀平，自凿山通道，率壮士以草囊负米饷军。其名见于王隐《晋书》。今睦、饶、明、杭诸洪，皆其后（详见下文）。谨按家谱：始祖讳平，字子泰。魏文帝时寓居饶城，举孝廉为郎。至元帝时，历官至清河太守。从司马文王伐蜀有功，迁镇南将军，守下邳，遂徙而家焉。晋武帝时为荆州刺史，封下邳侯，年八十五而卒。娶汝南周氏，生一子警。字弘玑，以父任为郎，终于魏司徒椽。娶太原王氏，生二子澄、凝。澄字渊卿，仕魏为右校尉。夫人陈留吴氏，生一子豫。初平三年，官至咨议大夫。建安初，为曹公屈志，杜绝人事。娶南阳邓氏，生三子寻、理、速。潺即寻也，字正理，举茂才，仕晋为细阳令。娶河南尹氏，生二子玄之、念之。玄之为盱眙令，因家盱眙。念之字悦道，晋惠帝时为大司马、齐王府参军。娶南顿应氏，生二子发、颜。发字兴宗，为高密令。娶彭城刘氏，生一子稚。自平公至发公，皆葬下邳。洪氏自东汉、西晋三百年间，凡六迁，其先世坟墓在天水、冯翊者各一。东徙之后，坟墓在青州弋县者一，在彭城及昌庐县者二，在下邳者三（详见墓录）。皆平原旷地。数世共为一千聚，昭穆而葬。其在彭城、下邳者，后以平公贵显，各置守塚户，斫石为麒麟羊马，以表其阡（古谱，墓皆有画图，又记守塚人名姓，及墓阡、域方广亩数。盖东晋时熙公作谱，相去不远，故记）。稚公字冲万……表其阡[1]（古谱，墓皆有画图，又记守塚人名姓，及墓阡域方广亩数。盖东晋时熙公作谱，相去不远，故记）。稚公字冲万，为晋大司农。当怀、愍二帝时，胡寇入洛，中原大乱，惟江左[2]独安。乃以永嘉六年乙酉，避刘聪之乱，自下邳举家渡江，寓居丹阳之京口（晋京口属丹阳郡，唐之润州，今镇江）。同时从稚公南徙者，宗族二百余口。其后子孙分仕诸郡，或居吴郡，或居新安，或居东阳、永嘉、临海，皆占籍南土，子孙蕃盛。惟叔父颜，居下邳，不迁。后罹寇盗，枝叶分散，南北隔绝，莫知所终

1　阡：细长而一端尖锐的棒形器物。俗称为"阡子"，用来插物。墓阡，墓碑。
2　江左：古代指长江下游以东的地方，即今江苏省南部等地。

（此段1古籍，东晋时熙公所记，今存之。可见今之江浙诸洪，皆当时随稚公渡江之子孙也）。

稚公事晋元帝时，仕至安西将军、毗陵太守。而卒，与夫人陈留阮氏，合葬京口曲阿之东山。生一子超，字君理，咸康中为司空庾亮纪室参军。娶丹阳陶氏，生二子勃、甫。勃字文翁，举孝廉，为羡阳令，居官有政绩，终竟陵太守。娶南顿应氏，生三子并、布、希。并字子郎，举孝廉为著作郎。娶颍川陈氏，生三子熙、蔚、荣（**熙公，古谱官爵甚详，支派今删**）。熙公字元德，有才学，孝武帝时太保谢安荐为大都督，出镇河南。恢复中原，表熙为纪室参军。安帝隆安四年为临河太守，秩满还京口，值桓玄篡乱，污以伪命。时宋武帝刘裕为布衣，寓京口，纠合豪杰起兵讨玄，复兴中原，晋世始安。熙公与裕都居相善，父子从裕讨玄有功，为安西将军而卒。娶下邳徐氏，生七子绍、通、万、宠、谯、俊、矩，皆讨贼有功，授官（**古谱载熙公官爵，今删**）。自稚公至熙公，五世皆葬丹阳之曲阿东山（**详见墓录**）。

绍字继宗，博学有谋略，以父任为郎。元兴元年，为琅琊工府参军。义熙九年，为建武将军，从刘裕讨鲜卑，为燕王慕容起获之。又从裕至南海，击卢循等贼，积功为盟威将军。历吴兴、东阳二郡太守，仕至尚书侍郎，金紫光禄大夫。时晋都健康，士大夫官于南者，皆自取道宣城，经于潜，由新安郡之寿昌以入闽越（**今清平乡石门是宋明帝时开凿，相传六朝大绎路朝京及仕南方，皆由此**）。绍公守东阳时（**东阳郡，今婺州**）。常往来新安，爱其山川深密，风土淳淳，可以分居。又见晋室衰微，宋公刘裕兵势日盛（**皆古谱所记**）。乃以义熙十年丁巳，自京口迁于新安郡遂安旧县之木连村居焉（**木连村在遂安，以木生连理而名。今地名旧县，在三都。见《新安志》**）。睦州2之有洪氏自此始也。年八十三而卒。前夫人太原王氏，生五子；后夫人

1　叚："假"的异体字。

2　睦州：古州名。隋置。故地在今浙江省淳安县西。

陶氏，生三子：凡八子。绍公既迁，以垦田致富，于新始、遂安、寿昌三县广置田庄，命诸子分而居之。

　　长子曰泰，以门荫为司空徐羡之参军，居遂安木连村乡。其后裔昌盛，历齐、梁、陈三朝，皆有官宦（唐初洪惠爽，谱载甚详，今烦删减）。二子楷，蚤卒。三子舒，四子勋，仕宋为右卫将军。舒、勋皆住遂之前村。舒之后裔颇甚，梁时官宦亦多。舒、勋之后，数世而绝（古谱甚详，今删之）。绍公与前夫人王氏，皆葬遂安旧县西，去城五里，曰武强山，与泰、舒三世同墓（详见墓录）。五子曰纂，仕宋为始新令，迁居始新县东乡昌期之厌村。今淳安洪氏本枝之始祖也。六子曰荣，为始新尉，寓居东乡。后裔又分两派，其居进贤者燕坪基，其地坐辛向乙，今面村之洪是也；其居期昌乡者面阳，葬暖山墓，至梁太清中，以其上祖荣公有庄田在寿昌县，一子遂迁寿昌县西八里曰清通乡，今寿昌诸洪之祖也（此皆寿昌小沙之祖）。七子曰诞，与纂同居时迁厌村，亦有庄田在寿昌。诞生三子庞、祠、芳。之下八世，皆附葬蒲山墓。至隋末，其十世孙曰尚桂，始迁寿昌县西三里，地名小山，殆而葬焉。尚贵生武儿（唐武德间生）。武儿生三子，曰道朗、道拔、道开。唐时迁橄揽[1]山西，派俱盛。今寿昌、小山、橄榄山诸洪之祖也（此是寿昌一派）。八曰举，居遂安，生二子。长曰袭，仕宋为右校尉，官于歙县。以宋元嘉二十八年迁于歙县之凤池乡，去新安郡一百六十里（新安即淳安）。其坟在凤池拘溪。唐世子孙昌盛，今徽州、歙县诸洪之祖也（其徽洪姓甚广，古今地不同，只据古谱记其大略耳）。

　　自平公迁居下邳六世矣，而稚公渡江迁京口又六世。绍公自京口迁遂安，合之凡十二世矣。

　　文献来源：《严陵洪氏统宗谱》卷之二

1　揽：应作"榄"。

世谱下

　　淳安始祖讳纂，字令光，东晋尚书侍郎绍公第五子，仕宋为始新令。绍公有庄田在始新，公为县令，又有惠政在民，乃以宋文帝元嘉十五年乙卯，自淳安旧县迁于新安郡始新县东源昌期乡之厌村居焉（今在昌期厌村坂末）[1]。淳安之有洪氏，自纂公始。厌村在县五乡之中，两溪之会，土肥沃，宜稻秫桑柘。水通漕运，原野蕃芜，畜牧比连杭、歙。川谷广深，有货财之饶。公爱其山川秀玮而居之，真乐土也。元嘉二十年，母夫人陶氏卒，始卜葬于蒲山。墓在厌村之西，柘山之阳。今天乐观三观堂，即其墓扦也（杨岸谱云：乾亥行龙，坐丙向壬，甲水来，庚酉水去）。公娶庐江何氏，卒，与公合葬于此，生三子章、咸、贾。贾之裔，世居厌村，皆蕃盛。今昌期乡诸房，皆其后也。

　　咸公字德用，娶会稽朱氏。生一子觊（古谱，以中秋夜生而名），字子赏，娶弘农姚氏，生二子安定、安集，系齐高时人。安定字国宁，娶会稽朱氏，生二子道清、道卿。卿字善之，娶新安王氏，生二子僧晃、僧谦，为梁武帝时人，以奉佛而名之也。自咸公而下，四世皆有财产，家居治生，不求闻达。

　　至梁武帝太清之末，侯景作乱，自广起兵讨。景据健康，遣将

1　末：五行属土。

攻陷浙东，乡邑不宁。时陈高祖自广起兵讨景，名将曰周文育者，寿昌港口人也（今按《图经》：文育，本淳安项氏之子，出继周氏）。素有勇略，闻陈公起兵，亦举兵以应之。是时，始新、遂安两县士豪皆助文育。洪氏居遂安者，泰公六世孙曰光之；居厌村者，纂公六世孙曰成义，各纠乡兵，以相守节，不从侯景伪命。于是陈公命文育承制，以光之为盟威将军，成义为招远将军，得以兵力保全乡邑。僧晃公与光之公、成义公同五世祖，兄弟相与，同心协力，虽经散乱，门户独完。陈文帝天加中，光之为惠阳太守。其长子兴，仕陈为右卫将军。次子成、三子休，后皆仕隋，为左将军。而成义之孙文才，亦为怀远将军。

当陈、隋二朝，洪族复盛。僧晃公字昙朗，以军功为周文育奏补帅府右槽校尉，历州郡佐官。陈宣帝大建年间卒，年八十有余。娶太原王氏，生一子文矩（别谱误作太矩）。字德芳，仕陈为会稽法曹参军。娶吴兴陈氏，陈宗室。氏生一子荣宗，为隋文帝时人。自纂公至荣宗公，九世皆葬蒲山墓（蒲山墓左右数十里，皆一族坟地）。荣宗字公显，娶南阳郑氏，生一子孝纯，为隋末唐初人。洪氏自绍公迁遂安，贵且富焉。庄田布满三县，子孙分为诸房。置家庙，绘先世祖像，署其官爵，主宗会岁时拜奠，少长有礼（古谱：家庙图画平公、稚公、熙公、绍公位次，并家祭宗会仪式）。梁末，荒乱彫[1]落，此礼遂废。

隋仁寿二年，绍公长子、遂安泰公之裔、东阳[2]太守光之之孙、右将军兴之之子曰志宝者，恐失其废坠，乃裒集[3]宗谱，记其行实，传之于族，藏之于家。唐室兴隆，尚儒雅。贞观六年，太宗皇帝命吏部尚书高士廉等考订天下氏族。遂安洪氏有惠爽者，光之之从侄也，多有才学。收得东晋时上祖熙公谱，又得志宝续谱，合而一之，

1　彫：同"雕"。枯萎、零落。

2　东阳：前文作"惠阳"。

3　裒集：辑集。

因作目录及世系图,以附其后。故所记先代官名,绍公以下七房枝派,皆灿然明白。旧谱终于贞观六年,本支自孝纯公以下,皆阙而未书。至唐末诸房分析,有墓,下房族老记录,知晦公已上五世,接于纯公,附其世系、名字于旧谱之后。余因得考证叙述世次,皆得其实。乃博采诸说,又以所闻于先世者补缉于后云。

孝纯字德厚,生于隋开皇初年。大业之末,贼盗群起,郡人方亮以士豪保全乡井。唐兴,举郡归附,因授睦州刺史。当时户口得完,亮之力也(详见郡志)。公(谓纯孝公)。虽关世变,晚为贞光太平之民,以寿考终,葬厌坂西山。娶博陵邵氏,生二子伯通、仲遂。

唐之初年,以富家五耆[1]大户,厌坂皆有大碣[2]堰,引东源水溉田千余亩。每岁霖潦涨塞,伯通并兄弟搆而开之。谒县投牒,差簿尉置保甲、碣首、督工,开没俱有规画,到今赖之。吾家藏唐永淳年间印置县牒版凭文字,至宋淳祐犹存(此一段族伯士正公所记)。堰既成,公营别业,于其侧通漕运,所居成市,因名其地曰洪村。至开元中,仲遂之子,因居洪村。洪村一房,即仲遂公之后也。伯通公字士闲,娶汝南周氏,生一子裕之,字叔容,唐中宗、武后时人。娶河南方氏,生一子德昭。庶子德明,居武绥里庄田。其曾孙曰达,居武绥。至唐末五代时,子孙亦富盛。尔武绥诸房,即德明之后。德昭公字子晋,为唐开元、天宝时人。娶京兆[3]宋氏,生一子绥。伯通公葬朋祈坂末。裕之葬栅源口。德昭公葬尚贵塘坂西。

绥公字知晦。唐德宗建中元年庚申,初定两税之法,以知晦为户,遂以字行。自伯通公至知晦,四世家业益富,栅源、伊源、厌口三会[4],富息、蕨源、云源、上贵、杨岸、朋祈、武绥、下诸、富

---

1 耆:师长,长者。

2 碣:堰。

3 京兆:西安的古称。

4 会:指定期有市集的地方。

山、郑村、石门、丰国、长乐诸乡，皆有庄田，为东源十乡甲户（唐时十乡：进贤、昌期、安乐、常乐、丰国、石门、长乐、高时、平门、永平。至宋太宗兴国三年时，钱纳土并为五乡）。公父子读书乐善，乡誉推之。元和年间卒，年八十，葬常乐乡下诸里银塘（旧名下朱，经下诸里，至宋绍兴间始改银塘、银坂、沙坂）。公之未葬也，有善相墓者，指其山曰：来冈绵远，土厚水深，葬后子孙必然昌盛。后果符其言。娶河南方氏，附葬。生三子，长仲德、次仲文、三仲仁，皆有才干。

　　自先世居厌村，数百年宗族蕃盛，宅湫隘不能容，乃议分析各庄田便利及形势之地而居之。光晖公仍居祖宅，光耀公迁（三路）。仲德公迁于朋祈，仲文公迁杨岸，仲仁公迁洪村，时唐元和之季年[1]也。仲德生泳。泳生适，葬朋祈。三世皆为大兄，今朋祈凤亭墓下诸房之祖也。仲文生温。温生二子通、达。仲文葬北碣坑。温葬渭墓（皆在杨岸），通公葬杨岸村心黄荆墓。生二子嬉、戏。长曰嬉，卒葬西郭，螃蟹形。唐末迁邑西，今西郭荞村、虞坑下、洪朴林、前山屏诸房之祖。次曰戏，卒葬武绥枫林塆。娶方氏，卒葬下诸方墓。生一子槽，字子容，卒葬上贵寨坪，金盘形。生一子煦，字蒸之，卒葬金兰村，寒牛出栏形。生二子误、拱。误生二子郭、标，今何村诸房之祖也。拱生二子昇、穆。穆生三子恭、兹、轮。恭生二子仲初、仲华。仲华公生二子思、凝。凝生二子张、园。张公生二子邦弼、邦彦，今龙源、岩峰之祖也。其园公派，见后坪。邦弼生三子鹰、鹏、鹗。鹏生二子汝闻、十二。汝闻生二子千四、千七。千七居洪坂。千四公讳章者，念遂故土山川秀丽，风淳俗美，人烟杂遝，有同宗共派旧居，遂士。泰八公居云山。曾十公居郭村。因于宋时，由淳复徙岩峰之下而居焉。柘田亩，宏屋宇。娶曾氏，合葬大岭后，蛇形。生子铺，娶郑氏。生子椿，娶鲍氏，生二子涛、汉。涛生二子耿、炳。炳，炳迁徽。耿生一子云二，字文祖，始同淳邑震老公修

1　季年：晚年、末年。

葺宗牒。配方氏，生五子仁、义、礼、智、信，世居岩峰。其宗族之盛，蕃衍而硕大矣。今洪祈、仁峰、深田、燕川、康塘、村心、玉泉、螺峰，皆其裔也。

迨积公者登永乐贤书[1]，仕于闽泉[2]之南安，遂因而家焉。乃今人文代出，巍科腞仕[3]，世接芳躅，而经略公皆其后也。若岩峰永良公，于洪武初因庄田自便，由岩峰而迁洪祈，迄今诗书礼乐雍雍[4]，称为巨族。自岩峰九世孙宗周公同兄捨公而徙仁峰，周公仕为山左潍邑令，年八十余而卒，偕孺人翁氏合葬大岭后首源，金钗形。生六子积、肃、俯、佔、则、禄。命积乃居祖宅，同五子居仁峰。兄弟同葬塘凹，猛虎形。捨公偕汪氏合葬首源，金钗形。生三子堂、滔、浊。堂卒葬黄土塘，虎形。今为仁峰诸房之祖也。后先媲美，人文鼎盛，则深有望于后之继起者。

达公居建德㘭径，许氏赘婿。生二子，长曰末，迁居锦溪；次曰放，居㘭径。达公葬㘭径。今㘭径、锦溪、宋村、西岩、山河诸房之祖也。仲仁公字彦宏，居洪村，为贞元和时人，卒葬山源口祖墓。娶南阳郑氏，生一子溥，字元泽，为太和、会昌时人。二公皆守继祖业。溥公葬上贵塘坂西（两世墓坎、字讳，皆族伯士正公记）。

如自洪氏迁居洪村，取太原王氏，生一子遗。公又自洪氏迁居下朱里，祀宗堂祖墓之南，是为银塘府君[5]。今石岭、银塘、银坂、沙坂屏前诸房之祖也。

文献来源：《严陵洪氏统宗谱》卷之二

1　贤书：语本《周礼·地官·乡大夫》："乡老及乡大夫群吏献贤能之书于王。"贤能之书，谓举荐贤能的名录，后因以"贤书"指考试中试的名榜。

2　闽泉：指福建泉州。

3　腞仕：高官厚禄。

4　雍雍：和谐的样子。

5　府君：子孙对已故者的敬称。

永平沠

　　经纶公后裔嗣孙[1]起元，字义庵，建公第二子。自清朝定鼎以来，任江西南赣[2]镇标前营游击，二任江西南赣镇标中军游击，三任湖广郧阳镇标中军游击，四任湖广武昌镇标中营游击，五任湖广永州府镇标中营游击，六任浙江提督中镇，七任严州总镇。位至左都督，正一品，光禄大夫。夫人彭氏、王氏、程氏，俱无出。继室夫人许氏，生一子，名一栋，现授兵马司[3]指挥。媳许氏，銮仪卫[4]正堂许讳天宠长子廷选之女。又夫人王氏，生一女，适洮岷道屠讳奏疏[5]之子。因变乱屡迁，失谱，今从起元之太祖考讳讬，绍公三

　　1　嗣孙：谓承嗣的子孙。

　　2　南赣：明弘治十年（1497年）始置，驻赣州（治今江西赣州市）。辖境屡有增减。嘉靖四十五年（1566年）定制。辖江西的南安、赣州，广东的韶州、南雄，湖广的郴州，福建的汀州。清康熙三年（1664年），一作四年，废。

　　3　兵马司：职官名。为明、清于京师设置的官署。职掌缉捕盗贼、疏理街道沟渠等事。

　　4　銮仪卫：清代官署名。清改明锦衣卫为銮仪卫，掌乘舆供奉卤簿仪仗之事。（清）昭梿《啸亭杂录·銮仪卫》："本朝銮仪卫相沿明锦衣卫之制而不司缉探之事。"（清）富察敦崇《燕京岁时记·说象》："象房在宣武门内城跟迤西，归銮仪卫管理。"

　　5　屠奏疏：按光绪《孝感县志》卷十四《人物志》"臣林"条："屠奏疏，字更生。少年慷慨任侠，有远略。值明末世乱，仗剑从戎，冀以功名显当世。闯贼猖，披豫、楚间，郡邑闻而溃。奏疏闻白云峰义旅初起，挈家往焉。每共事防守，恢剿以劳，授参将。国朝兵至邑，英王问白云抗贼状，奏疏率众投诚。承制换授武昌道，改任洮岷。闻母丧归，庐墓三年，复捐赀修葺学宫，人咸义之。"

十八世孙，经纶公之二十五代孙也，为永平始祖。后有徙居他处者，历历可考。

三十八世　剑[1]

讬公　绍公三十八世孙，经纶公之二十五代孙也，迁居永平。配杨氏，生一子应爵。

三十九世　号

应爵公　讬公之子。配袁氏，生一子荣仕。

四十世　巨

荣仕公　应爵公之子，嘉靖癸未进士，任河南汝南留守使司。元配杜氏，诰封夫人。继配傅氏，诰封夫人，生二子大全、大才。

四十一世　阙

大全公　荣仕公长子，迁居湖广应山县，于皇清赠封骠骑将军、资政大夫。配金氏，皇清赠封夫人，生一子建[2]。

大才公荣仕公次子。配詹氏。

四十二世[3]**　珠**

建公　大全公之子，皇清赠封骠骑将军、资政大夫。配王氏，皇清赠封夫人，生三子明、元、泰。

四十三世　称

起明公　建公长子，任江西建昌府同知。配李氏；继配周氏，生二子桢、楷；潘氏，生一子标；陈氏，生一女，适廪庠生汪时龙长子庠生汪国珩为室。

起元公　字义庵，建公次子，初任江西南赣镇标前营游击，诰封怀远将军。配彭氏，赠封夫人。二任江西南赣镇标中军游击，三

1　剑：洪氏永平派字派，出自《千字文》："剑号巨阙，珠称夜光；果珍李柰，菜重芥姜。"

2　洪建：康熙《应山县志》作"洪谏"。

3　四十二世：原文在换页后，又误为"四十三世"，此后世系顺误。编者更正之。

任湖广郧阳镇标中军游击，四任湖广武昌镇标中营游击，五任湖广永州府镇标中营游击，六任浙江提督中镇，七任严州总镇。位至左都督，正一品，诰封光禄大夫。继室王氏，诰封夫人；许氏，诰封夫人，生一子一栋；程氏，诰封淑人；王氏，生一女，适洮岷道屠讳奏疏长子监生屠圣祐为室。

起泰公　建公三子，功加都司，官南赣镇标前营守备事。配王氏；江氏，生二子枢、桂；生三女，长适生员李资深次子生员嵩为室，次适浙江将军、世袭精奇尼哈番雅大里次子雅法思哈，三适 [1]……

四十四世　夜

一楷　起明公长子，功加游击。

一桢　起明公次子，庠生。

一标　起明公三子。

一栋　字（硕庵）[2]。起元公长子，系贡监 [3] 出身，初任知县，二任兵马司指挥。配许氏，系銮仪卫正堂许讳天宠长子廷选之女。

一枢 [4]　泰公长子，功加游击。

一桂　泰公次子。

四十五世　光

四十六世　果

文献来源：《严陵洪氏统宗谱》卷之四。

1　原文此处缺失。

2　原文此处留白，据《严陵洪氏统宗谱》卷之尾补录。

3　贡监：明、清科举制度中，由府州县学推荐学行俱佳者，到京师国子监读书的人。

4　一枢：按同治《应山县志》卷二十三《武职》："洪一枢：起泰次子。功加守备。"又，同治《应山县志》卷二十三《武职》："洪一樑：起泰长子。功加守备。"

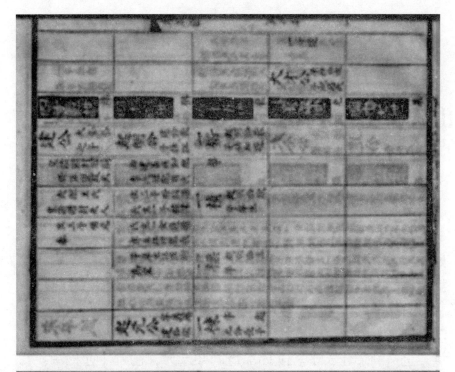

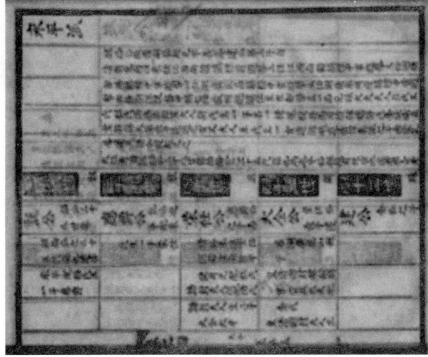

《严陵洪氏统宗谱》书影（上海图书馆藏本）

应山派

胡艳涛

始祖

洪荣仕　以曾孙都督同知起元，封骠骑将军、资政大夫。妻杜、傅氏，封一品夫人。[1]

二世

洪大全　洪荣仕长子。以孙都督同知起元，初封怀远将军，二封昭勇将军，三封骠骑将军、资政大夫，四封荣禄大夫。妻金氏，初封淑人，二封淑人，三封夫人，四封一品夫人。[2]

洪大才　洪荣仕次子。由贡士，因侄（孙）起元公诰封奉政大夫。[3]

三世

洪建　洪大全长子。以子都督同知起元，初封怀远将军，二封昭勇将军，三封骠骑将军、资政大夫，四封荣禄大夫。妻王氏，初封淑人，二封淑人，三封夫人，四封一品夫人。[4]

1　同治《应山县志》卷二十四《纪恩·封赠》。又，《严陵洪氏统宗谱》卷之三《世崇·历代显宦》："荣仕：嘉靖癸未进士，升授河南汝南留守使司，诰封资政大夫。"

2　同治《应山县志》卷二十四《纪恩·封赠》。又，《严陵洪氏统宗谱》卷之三《世崇·诰封》："大全：因孙起元公赠封骠骑将军、资政大夫。"

3　《严陵洪氏统宗谱》卷之三《世崇·诰封》。

4　同治《应山县志》卷二十四《纪恩·封赠》。洪建：县志本原作"洪谏"，据谱本改。又，《严陵洪氏统宗谱》卷之三《世崇·诰封》："建：因子起元公赠封骠骑将军、资政大夫。"

四世

洪起明　洪建长子。建昌府同知（今补）。[1]

洪起元　洪建次子。字瑞芝，号义庵。由军功历任江西南赣镇标都司管前营游击事，升中营游击，复升湖广郧阳镇标参将管中营游击事，兼武昌镇标参将管中营游击事，永州镇标参将管中营游击事，转升浙江提督中营副将管参将事，复升严州总兵、都督同知（有传三篇，载《艺文志》）。[2]

洪起泰　洪建三子。功加都司，管南赣镇标前营守备事。[3]

五世　一[4]

洪一楷　号法臣。岁贡生。起明长子。功加守备。[5]

洪一桢　洪起明次子，略。

洪一标　洪起明三子，略。

洪一栋　洪起元长子。号石臣。贡生。初任知县，二任兵马司指挥，三任福建台湾府海防同知。[6]

1　同治《应山县志》卷二十三《选举·例选》。又，《严陵洪氏统宗谱》卷之三《世崇·历代显宦》："起明：任江西建昌府同知。"

2　同治《应山县志》卷二十三《选举·武职》。又，同治《应山县志》卷二十七《义士》："洪起元：字瑞芝。以都尉致仕归。勇于为义，凡募勇守城，出粟助赈，又自设粥厂，周济穷困，约费白金以万计。子一栋，亦以义侠闻，四关均设茶庵，行路便之。孙国宝，克守家风，值岁饥，鬻田十四石助赈。继父志，独修治北洪济桥。洪氏累代有功于应，至今人犹乐道焉。"（见《艺文》本传与碑文）《严陵洪氏统宗谱》卷之三《世崇·历代显宦》："起元：康熙十三年，任浙江严州总镇，位至左都督，正一品，光禄大夫。"

3　同治《应山县志》卷二十三《选举·武职》。又，《严陵洪氏统宗谱》卷之三《世崇·历代显宦》："起泰：功加都司，管南赣镇标前营守备事。"

4　洪氏世代相传，家族字派联"一国成忠万世兴，显亲为孝福星临；诸官廉洁如山重，传家仁义永远行"为皇家御赐，联中嵌入"忠孝节义"，以示对洪起元功勋的褒扬。

5　同治《应山县志》卷二十三《选举·武职》。又，《严陵洪氏统宗谱》卷之三《世崇·历代显宦》："一楷：功加守备。"

6　同治《应山县志》卷二十三《选举·例选》。又，《严陵洪氏统宗谱》卷之三《世崇·历代显宦》："一栋：由监贡出身，初授知县，二授兵马司指挥，仍带军功加级。"号：原作"字"，据谱本改。

洪一樑　起泰长子。功加守备。[1]

洪一枢　起泰次子。功加守备。[2]

洪一桂　略。

六世　国

洪国彰　洪一栋长子，字逊瞻。初任浙江布政司经历，升授福建直隶福宁州知州。[3]

洪国宝　洪一栋次子，字民瞻。候选千总。[4]

七世　成

洪成鼎　洪国彰长子。乾隆戊午科。鹤峰州训导，升四川安岳知县。[5]

洪成能　洪一栋之孙。国学生。[6]

洪成爵　洪一栋之孙。国学生。[7]

洪成钰　洪一栋之孙。候选县尉。[8]

洪成本　洪一栋之孙。廪生。[9]

洪成立　洪一栋之孙，略。

洪成己　乾隆甲午科。[10]

1　同治《应山县志》卷二十三《选举·武职》。又，《严陵洪氏统宗谱》卷之三《世崇·历代显宦》："一枢：功加游击。"而《严陵洪氏统宗谱》卷之四《永平派》记："一枢：泰公长子。功加游击。"

2　同治《应山县志》卷二十三《选举·武职》。

3　同治《应山县志》卷二十三《选举·例选》。

4　同治《应山县志》卷二十三《选举·武职》。

5　同治《应山县志》卷二十三《选举·乡举》。

6　参见《洪都督公家传》（县志本）。

7　参见《洪都督公家传》（县志本）。

8　同治《应山县志》卷二十三《选举·例选》。

9　参见《洪都督公家传》（县志本）。

10　同治《应山县志》卷二十三《选举·乡举》。又，《永阳义门陈氏宗谱》卷首《文学实录》："陈大文：字献南，附贡生……教生徒以立品敦行为要务，论文必崇先正，尝曰：'文以载道，道不明，何以文为。'故凡从公久游者，随改业，独不失儒家气象。门之游胶庠、登科甲者不下数百人，其心所特契而专注者，则孝廉洪成己也。"

八世　忠

洪忠谕　岁贡生。[1]

洪忠诲　附生。[2]

洪忠注　武生。寿九十岁。[3]

洪忠堂　世居治北乡。敦实行，无诳言，古道照人。教二子读书未成，又教诸孙。咸丰九年，世煓、世垣两孙同日游泮藻。乡里推重。现年九十岁。[4]

洪忠敦　韩氏，洪忠敦妻。夫故，抚子万懋成立。学宪王奖给"劲节维风"额。[5]

九世　万

洪万贞　洪成己之孙。协修县志。[6]

洪万宪　洪起元五世孙，略。

洪万年　被执不屈，骂贼，死。[7]

洪万春　傅贞女，许字洪万春。未婚而春卒，女请命于母，往洪门守贞。朝夕哭奠，斋食素衣。至三周期，上贡焚楮毕，向床隅自尽。次晨母觉，见上下裹衣，密缝殆遍，而救已无及矣。从容就义，死烈完贞，胡中丞题请建坊。[8]

洪万懋　洪忠敦长子。监生。[9]

1　同治《应山县志》卷二十三《选举·岁贡》。参见《公呈请旌韩孝子文卷》。

2　参见《公呈请旌韩孝子文卷》。

3　同治《应山县志》卷三十《高寿》。

4　同治《应山县志》卷三十《高寿》。

5　同治《应山县志》卷二十八上《节孝贞烈》。

6　同治《应山县志》卷首《新修邑志姓氏·采访》："洪万贞：庠生。"

7　同治《应山县志》卷二十九《殉难·烈士》。

8　同治《应山县志》卷二十八上《节孝贞烈》。

9　同治《应山县志》卷十一《名宦》："任启元：字复斋，沈阳人。治绩年远多失考，惟闵睿先（闵则哲）《传》中称：'公为仁人革均摊之弊，定官解之程，勒石县署，流民复业。'又据《捐赈碑记》云：'康熙己巳，邑大旱，公费万金，设粥厂六，活民命数十万。'要皆以仁心施仁政也。当时百姓各输前一文，涕泣勒碑，以存遗爱。都督洪公瑞芝，立祠台山，置田七石，以永其祀。岁久恐湮，经监生洪万懋、庠生彭玛、孙廷相、韩明娘等清查存案，至今香火无替。有《记》，载《艺文志》。"

洪万古　萧氏，洪万古妻。骂贼被杀。[1]

洪万顺　华氏，洪万顺妻。骂贼被杀。[2]

洪万储　周氏，儒童洪万储妻，周福元女。二十三岁夫故，守节四十八年。奖。[3]

洪万楷　周氏，儒童洪万楷妻，士文之女。二十二岁夫故，守节二十二年。[4]

十世　世

洪世煊　洪忠堂之孙，略。

洪世垣　洪忠堂之孙，略。

十一世　兴

洪兴第　字奎堂，协修《大中华湖北省地理志》。[5]

1　同治《应山县志》卷二十九《殉难·烈女》。

2　同治《应山县志》卷二十九《殉难·烈女》。

3　同治《应山县志》卷二十八中《节孝贞烈》。

4　同治《应山县志》卷二十八中《节孝贞烈》。

5　《大中华湖北省地理志·同业姓氏录》。

辑三 传记

洪起元功臣府事文录

洪起元列传

清国史馆

洪起元，湖北应山人。[1] 世祖章皇帝顺治二年，英亲王阿济格追剿流贼李自成至湖广，起元应募随征九江，授千总。隶江西总兵金声桓军，委署都司，平吉安、赣州、南安城邑，及宁都之丁田、鱼骨、钩刀觜[2]诸贼寨，有功。五年正月，声桓据南昌叛，其标下副将王得仁、刘一鹏等受伪职，从逆。起元时署游击，驻宁都闻声桓叛，率兵四百余疾趋赣州，从巡抚刘武元御贼。声桓纠贼数万犯城，起元击却之，夺云梯十有八。贼逼[3]城三月，数战败，乃窜遁。起元同游击孔国治追蹙[4]之水滨，斩戮及溺死者无算。十月，广东叛镇李成栋自南雄犯赣州，起元与参将鲍虎出东门奋击，连破贼营十余。追奔至南安，获巨砲[5]数十。明年，征南大将军谭泰率禁旅[6]克南昌，声桓赴水死，得仁、一鹏就拎[7]伏诛。进克信丰，成栋亦溺死。其党伪军门曾同旦、董芳策踞雩都，起元击走之。伪总兵刘

---

1 "洪起元"等八字：县志本无。
2 觜：同"嘴"。
3 逼：初编本作"偪"。偪，同"逼"。
4 蹙：紧迫。
5 砲：同"炮"。县志本作"礮"。
6 禁旅：犹禁军。古代称保卫京城或宫廷的军队为禁军。
7 拎县志本、初编本作"擒"。拎，古同"擒"。下同。

治国犯信丰，起元赴援，歼贼数百，生拎治国。七年，土贼彭顺庆等踞宁都[1]，起元与副将高进库率兵围城，树云梯先登，斩顺庆，尽歼其党。巡抚刘武元、总兵胡有陞疏陈起元战功，请予擢用，部议予记录，实授都司，仍署南赣[2]游击。时海贼郑成功寇掠闽境，江西土贼遥应之。起元连年率兵会剿，拎斩贼渠[3]陈其伦、林昌、李玉庭、张胜、萧发祥、罗文显、曾捷明，平镇南、大白、梅窖、羊石等贼巢，叙功予记录，实授游击。

《汉名臣传》墨影（《清代传记丛刊》影印本）

圣祖仁皇帝康熙八年，擢武昌参将，旋调永州。十二年，改浙江宁波参将，加副将衔。十三年，逆藩耿精忠踞福建叛，温州总兵祖宏勋应之，贼党陷黄岩及嵊县。精忠以逆书诱起元从逆，起元举发其书。提督塞百理为入奏，旋檄起元率兵援剿。击贼于白米堰，斩级百有二十。追败之蒿坝江，复嵊县城。趋陶家堰，连破贼营，

1　宁都：原作"军都"，据县志本、初编本改。

2　南赣：明弘治十年（1497年）始置，驻赣州（治今江西赣州市）。辖境屡有增减。嘉靖四十五年（1566年）定制。辖江西的南安、赣州，广东的韶州、南雄，湖广的郴州，福建的汀州。清康熙三年（1664年），一作四年，废。

3　贼渠：首领。渠，大。

斩伪都督邢舜卿、伪副将邢汝臣。复沿樊江搜剿，乌门山斩伪总兵钱启明，殪[1]其众数千。诸暨城被贼围，起元赴援，大挫贼，收降数百人。会康亲王杰书统师驻京华，贝子傅喇塔分军援台州，起元率所部兵助战黄瑞山，斩贼甚众。伪将军曾养性自温州犯台州府城，起元出城拒战，中创，仍杀贼数人。诸将士踊跃继进，贼窜遁。十四年，叙举发逆书及军功，加都督佥事衔，复晋都督同知。

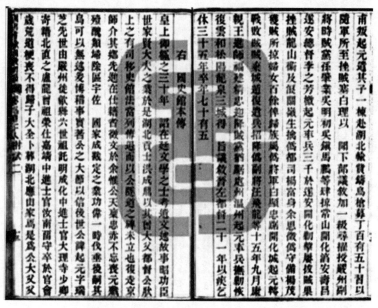

《国朝耆献类征初编》墨影（国家图书馆藏本）

先是，精忠甫叛，起元遣其子一栋赴湖北，输赀[2]铸鸟鎗[3]，募丁百有五十，习以随军。所至挫贼，塞百理以闻，下部议叙加一级。寻擢授严州副将。时贼党孙肇业、吴明初、吴镇、马鹏等肆掠常山、开化、淳安、寿昌、遂安，总督李之芳檄起元率兵三千，于遂安、开化剿击。屡拔贼巢，挫贼龙山卫及浪关岭[4]，生拎伪都司杨富身、

1　殪：杀死。

2　赀：同"资"。

3　鎗：初编本作"枪"。鸟鎗，旧式火枪。

4　山：原作"由"，据县志本、初编本改。

余思徵，伪守备杨茂，获贼所掠妇女百余，俾归族属。伪将军白显忠踞开化城，起元转战败贼。贼弃城遁，复遣兵招降伪副将汪飞龙等。十五年九月，康亲王进师福建，精忠迎降，贼党犹踞处州、温州。起元率兵抚剿，恢复云和、松阳、龙泉三城。得旨议叙，晋左都督。

二十一年，以疾乞休。三十五年卒，年七十有五。

同治《应山县志》墨影（《中国地方志集成》影印本）

文献来源：《汉名臣传》卷一。[1]

参考文献：《国朝耆献类征初编》卷三百二十八[2]；《同治应山县志》卷三十三。[3]

1　县志本篇末有原注《满汉名臣传》。《满汉名臣传》包括《汉名臣传》与《满名臣传》。按乾隆三十年，"诏在廷文学之士，考遗文，述故事，昭功臣世家贤大夫之业。于是，湖北贡生洪成鼎，以其曾大父都督公状，上之有司，移史馆。""法当列传"，因有是篇。其间经过，参见本书所录彭启丰撰《荣禄大夫骠骑将军镇守严州左都督洪公起元神道碑》，及罗暹春撰《洪都督公家传》。

2　注释中简称初编本。

3　注释中简称县志本。

编者注：

清国史馆第一次开馆是在康熙二十九年（1690 年），清圣祖"爰命儒臣恭修三朝国史"。第二次开馆是在乾隆二十五年（1760 年），正式开馆是在乾隆三十年（1765 年）。乾隆三十年六月丁卯，清高宗谕曰："……向来国史馆所辑列传，原系择满、汉大臣中功业政绩素著者，列于史册，以彰懿懿。其无所表见及获罪罢斥者，概屏弗与。第国史所以传言，公是公非，所关系不容毫厘假借，而瑕瑜并列，益足昭衡品之功；所为据事直书，而后人之贤否相见。若徒事铺张夸美，甚或略其所短，暴其所长，则是有褒而无贬，又岂春秋华衮斧钺之义乎……"

洪都督传书后

任步瀛

　　壬戌[1]春，余在京陬，偶阅《国朝名臣传》。见拔置[2]第七名，湖北应山人洪公讳起元者，推诚宣力[3]，翊天启运[4]；协赞皇猷[5]，开廓图宇[6]。国家恃为保障，民社赖以奠安，洵一代之元勋也。披览之下，欣慕久之。嗣于同治乙丑[7]以司铎[8]至应，有茂才[9]洪万贞来谒。询其颠末，始知公字瑞芝，号义庵，乃明嘉靖二年癸未进士、任河南汝南留守使司荣仕公之曾孙，万贞之太祖也。

　　国朝定鼎伊始，公以布衣起戎行[10]，枕戈待旦，埙篪[11]竞响。相

1　壬戌：同治元年（1862 年）。

2　拔置：提拔安插；提拔放置。

3　推诚宣力：诚心尽力。推诚，以诚心相待；宣力，致力、尽力。

4　翊天启运：辅佐帝王，开启世运。翊，辅佐。

5　协赞皇猷：辅佐帝王。协赞：辅佐；皇猷：帝王的谋略或教化。

6　开廓图宇：拓展疆域。开廓：开拓，扩展。

7　同治乙丑：同治四年（1865 年）。

8　司铎：古代宣扬教化、颁布政令时击铎警众，故称主持教化的人为"司铎"。此处指任职训导。

9　茂才：秀才。东汉时，为了避讳光武帝刘秀的名字，将"秀才"改为"茂才"。后来有时也称"秀才"为"茂才"。

10　戎行：指军队、行伍等。

11　埙篪：亦作"埙箎"，借指兄弟。埙、箎皆古代乐器，二者合奏时声音相应和。因常以"埙篪"比喻兄弟亲密和睦。

与刬削[1]群氛，彬彬乎有古名将风，各大宪[2]交章叠荐。历任江西、湖广、浙江各标游击、参将、提督、总镇，位至左都督同知，上柱国正一品，荣禄大夫。兄弟三，公居次。兄讳起明，任江西建昌府同知。弟讳起泰，功加都司，管南赣镇标前营守备事。子一，讳一栋，任福建台湾府海防同知，崇祀名宦。

同治《应山县志》墨影（《中国地方志集成》影印本）

公致仕归，乐施好善，义举不胜指屈，而定均摊一法为最钜[3]。应邑钱粮，向系官征民解，外多杂派差役，民之弃田逃亡者无算。公力除之，费至十数万金不稍惜。自是，应之民得以安集乐业者，悉公之赐也。勒石公署，昭兹来许[4]，迄今歌颂。厥后簪缨[5]累世，

1　刬削：铲除、除去。

2　大宪：旧时府吏对上司的称呼。

3　钜：同"巨"，大。

4　来许：后进；后辈。

5　簪缨：古代显贵者的冠饰。比喻高官显宦。

人文蔚起，时文 [1] 及古文辞多卓然自成一家言，掇取 [2] 科名犹末 [3] 也。

余因有感焉。夫都督布衣耳，而一旦毅然思奋，即能为国家立功，为苍生造福，为祖宗光阀阅 [4]，为后人振箕裘 [5]，而名垂青史，累禩 [6] 常昭，盖亦仅矣。孟子曰："若夫豪杰之士，虽无文王犹兴。" [7] 都督之谓欤！

文献来源：同治《应山县志》卷三十三。[8]

参考文献：《湖北文征》全本第十一卷。

作者简介

任步瀛，字海浓，蕲水（今蕲春县）人。咸丰辛亥举人。同治四年任应山县训导，协修《应山县志》。

1　时文：八股文的别名。

2　掇取：拾取；摘取。

3　末：疑"未"之误。

4　阀阅：指有功勋的世家。

5　箕裘：比喻祖上的事业。箕，扬米去糠的器具或畚箕等竹器。裘，皮衣。箕裘原指由易而难、有次序的学习方式。语本《礼记·学记》："良冶之子必学为裘，良弓之子必学为箕。"后用来指父亲的技艺或事业。

6　禩：同"祀"。

7　此句：语出《孟子·尽心章句上》，意思是：一定要等待有周文王那样的人出现后才奋发的，是平庸的人；至于豪杰之士，即使没有周文王那样的人出现，自己也能奋发有为。

8　原题《洪都督公传》，录入《湖北文征（全本）》第十一卷时改题为《洪都督传书后》。编者从之。

洪都督公家传

罗暹春

　　都督洪公者，讳起元，字瑞芝，号义庵[1]，湖广应山人也。先世由严州徙歙县[2]。六世祖讬，明成化二年进士，官大理寺少卿[3]，寓籍北直隶之卢龙[4]。曾祖荣仕，嘉靖二年进士，汝南留守[5]。卒于官[6]，以岁饥道梗，即近葬应山。祖大全[7]，父谏，家焉。后皆以公贵，赠骠骑将军。

　　公生而魁梧，方颐[8]大耳，长身[9]而猿臂。善射，好论方略。值[10]明季乱，兵燹四起[11]。公年二十三[12]，随[13]父避乱。途[14]遇贼，失父

　　1　原无，据县志本补。
　　2　县志本作："先世在严陵、歙县间。"
　　3　大理寺少卿：掌管刑狱的官署的副职。大理寺，古时掌管刑狱的官署，长官为大理寺卿。少卿，官名，大卿的副职。
　　4　卢龙：县治，今属河北省秦皇岛市。
　　5　县志本作"官留守使司"。
　　6　官：县志本作"汝南"。
　　7　县志本作"公大父大全"。
　　8　颐：面颊，腮。
　　9　身：原无，据县志本补。
　　10　值：原作"直"，据县志本改。
　　11　原无，据县志本补。
　　12　三：县志本作"四"。
　　13　随：县志本作"与"。
　　14　途：原无，据县志本补。

所在[1]。急追入贼所，见[2]父方骂贼。贼举刀欲下，公大呼。贼反[3]顾，公辄[4]夺刀杀贼。他贼前，皆被杀，血膏衣尽赤。[5] 贼大惊，皆以目，不敢逼。负父出贼所[6]。贼故乌合无统帅，又皆畏死，亦勿追，[7] 故父子[8]皆[9]免。已而公父[10]病，没于路。公夜[11]负父骸潜[12]归，藁葬[13]于公[14]母墓侧。坟成，哭绝于地，奋而起，[15] 哭而去。当是时，荆湘、南昌诸路，多草窃割据[16]。公孤行千里，无所讬。

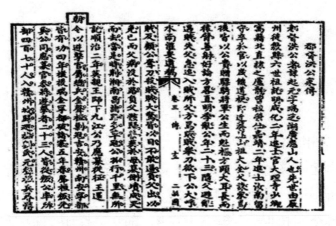

《水南灌叟遗稿》墨影（《清代诗文集汇编》影印本）

1　所在：原无，据县志本补。

2　见：原无，据县志本补。

3　反：县志本作"返"。

4　辄：原无，据县志本补。

5　"他贼前皆被杀"等十一字：原无，据县志本补。

6　贼所：原无，据县志本补。

7　"贼故乌合"等十四字：原无，据县志本补。

8　故父子：原无，据县志本补。

9　皆：原作"以"，据县志本改。

10　公：原无，据县志本补。

11　公夜：原无，据县志本补。

12　潜：原无，据县志本补。

13　藁葬：草草埋葬。

14　公：原无，据县志本补。

15　"哭绝于地"等七字：原无，据县志本补。

16　草窃割据：原作"草寇"，据县志本改补。

我世祖章皇帝[1]顺治二年，英亲王统[2]师下九江。公乃[3]应募从征，以首功擢游击[4]。王还朝，令以游击官，属总兵金声桓。剿寇吉安、赣州、南安、宁都、兴国[5]、会昌[6]，皆有功。四年，檄援瑞金、宁都。破诸寨，擒斩无算[7]。五年春，声桓叛[8]。先与公同时[9]应募，充参将、游击官如韩应琦、杜三畏等三十三人[10]，皆从叛[11]。公闻变[12]，率所部四百七十人入赣州城，归巡抚刘武元。声桓兵寻薄[13]城下[14]，乘云梯上城[15]，公从城上击杀之。城下[16]贼少却，公出城[17]追贼[18]，斩首百余级，夺云梯十八座。入城[19]，武元劳以马，导以[20]鼓吹，号于城中曰："看[21]此忠勇好男儿[22]洪游击也！"守赣州三

1　我世祖章皇帝：原无，据县志本补。

2　统：原无，据县志本补。

3　公：县志本无。

4　以首功擢游击：原无，据县志本补。

5　兴国：原无，据县志本补。

6　兴国：原无，据县志本补。

7　此句原无，据县志本补。

8　叛，县志本作"反"。

9　时：原无，据县志本补。

10　原作"官参将、游击者二十三人"，据县志本改补。

11　叛，县志本作"反"。

12　闻变：原无，据县志本补。

13　薄：迫近。

14　下：原无，据县志本补。

15　上城：原无，据县志本补。

16　城下：原无，据县志本补。

17　城：原无，据县志本补。

18　贼：原无，据县志本补。

19　此句原无，据县志本补。

20　以：原作"之"，据县志本改。

21　看：原无，据县志本补。

22　好男儿：原无，据县志本补。

月，围解，公[1]与游击孔国治水陆追杀贼万人，尽复声桓所掠[2]诸城。冬十月，广东总兵李成栋叛[3]，犯赣州。公[4]与参将鲍虎，分兵出小东门[5]，击却之。连破贼垒十八[6]，获红衣[7]大礮七十有二[8]，追至南安而返。明年，声桓、成栋皆伏诛。公复攻克伪将曾同旦于[9]雩都，即[10]击走其党董芳[11]策，斩首房[12]数千级。进援信丰，生得伪将[13]二人。又与[14]副将高进库，攻克土贼彭贺伯、彭顺庆[15]于宁都。公先登得宁都城，斩贺伯、顺庆[16]。十年，巡抚武元等累[17]上公功，得兵部议[18]，真授[19]公[20]都司，署南赣[21]镇标游击事。于是公不出南赣、吉安，身经大小数十战，年三十有二。

1　公：原无，据县志本补。

2　尽复声桓所掠：原无，据县志本补。

3　叛：县志本作"反"。

4　公：原无，据县志本补。

5　此句原无，据县志本补。

6　十八：原无，据县志本补。

7　红衣：原无，据县志本补。

8　七十有二：原作"数十"，据县志本改。

9　于：县志本无。

10　即：原无，据县志本补。

11　芳：原文及县志本皆作"方"，据《汉名臣传·洪起元列传》改。

12　房：原无，据县志本补。

13　将：县志本作"帅"。

14　又与：县志本作"复会"。

15　顺庆：县志本作"彭顺庆"，据县志本补。

16　"公先登得宁都城"等十二字：原无，据县志本补。

17　累：县志本作"历"。

18　此句原无，据县志本补。

19　真授：县志本作"直授"。按《汉名臣传》本传中有"实授"一词，词义与"真授"相同，故从原文。下同。

20　公：原无，据县志本补。

21　南赣：原作"赣南"，据县志本改。

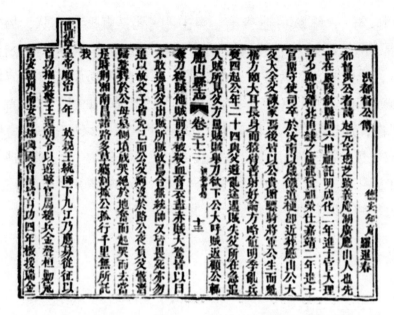

同治《应山县志》墨影（《中国地方志集成》影印本）

十一年，公乃统兵[1]会南昌兵，进剿伪将曾成吾等，破镇南、太湖等寨，还贼所掠广昌妇女百二十口。十二年，统兵到[2]汀州，斩伪伯陈其伦于大栢[3]。五月，署左协副将事。十三年，统左协兵[4]剿梅窖峒伪将军曾象吾等。峒深险，路纔[5]通一[6]人。兵至[7]则拒守，退则出四掠，连年莫平[8]。公攀崖缘[9]藤下，得石穴者八，有光夜出。公笑曰："贼就擒矣[10]。"公命缚草爇[11]而薰[12]之。剋期投入

1 统兵：原无，据县志本补。

2 到：原作"道"，据县志本改。

3 栢：县志本作"柏"。栢，同"柏"。

4 统左协兵：原无，据县志本补。

5 纔：同"才"。

6 一：县志本无。

7 至：县志本作"到"。

8 此句原无，据县志本补。

9 缘：县志本作"悬"。

10 "公笑曰"等七字：原无，据县志本补。

11 爇：烧。

12 薰：原作"投"，据县志本改。

穴，烟如雾[1]，峒贼目迷皆出。声击四[2]隅，直捣其南队，梅窖遂空。福建清流妖妇人[3]能作雾为乱，官兵屡却。其年冬，檄公往剿。公至[4]，望见贼营[5]旗尽黑，止勿进，令军中夜易旗皆黄。诘旦[6]，公建黄旗[7]前驱入阵[8]，士卒[9]从之。黄旗布满，贼大惊即[10]溃，雾不能[11]作，遂斩妖妇人[12]等首虏[13]三千级[14]。风角家[15]言，土治[16]水。行军取象[17]，故易黄而胜也。总督、巡抚、巡按、总兵，先后[18]交章荐。十五年夏，兵部议[19]，真授公江西南赣[20]镇标中营游击。至[21]是，公每[22]统兵耑剿[23]，身经十数战，年三十有七。

1　"剋期投入穴"等八字：原无，据县志本补。
2　四：原作"西"，据县志本改。
3　人：原无，据县志本补。
4　公至：原作"至则"，据县志本改。
5　营：原无，据县志本补。
6　诘旦：明朝、翌晨。
7　建黄旗：原无，据县志本补。
8　入阵：原无，据县志本补。
9　士卒：县志本作"军士"。
10　即：原无，据县志本补。
11　能：县志本作"及"
12　人：原无，据县志本补。
13　首虏：原作"首级"。
14　三千级：原作"三千"，据县志本改补。
15　风角家：擅长占卜的人。风角：古代占卜之法，以五音占四方之风而定吉凶。
16　治：县志本作"制"。
17　此句原无，据县志本补。
18　先后：原无，据县志本补。
19　兵部议：原无，据县志本补。
20　江西南赣：原无，据县志本补。
21　至：原作"于"，据县志本改。
22　每：原无，据县志本补。
23　耑：同"专"。

十八年冬[1]，统兵[2]剿通海[3]伪侯李玉庭。明年，四月获之，斩首三千级[4]。资流民谷三千石，复其业万人。还，斩伪将萧发祥于羊石寨。康熙四年，推擢公[5]署郧阳镇标参将。八年，真授武昌镇标参将。九年，调永州。十二年，乃以副将衔署浙江提标中营参将事[6]，驻宁波。至十三年，公年五十有三，公子一栋生十七年矣。

当是时，逆藩耿精忠反福建。温州镇总兵祖洪勋宏[7]应之，陷黄岩及嵊县。公已[8]先期白提督，遣官[9]迎公子[10]一栋来。七月，一栋[11]来谒提督军门，请随父自效。于是公率公子及公子所募百五十人为一队，旗尽赤，公更服赤以自异[12]。每战，会食毕[13]，酹酒[14]于地[15]，誓一栋等[16]曰："愿与儿曹今日同日[17]死！"一栋诺，众皆曰诺，乃战。战罢数之，不失一人。命酒席地坐，曰："贺与儿曹今日同日[18]生！"则又皆曰[19]诺。欢饮罢[20]，明日战如之。贼每望见赤旗，辄惊告："洪家父子敢死军来

1　冬：原无，据县志本补。

2　统兵：原无，据县志本补。

3　通海：原无，据县志本补。

4　三千级：县志本作"三十余级"。

5　此句原无，据县志本补。

6　事：原无，据县志本补。

7　宏：原作"洪"，据县志本改。

8　已：原无，据县志本补。

9　官：原无，据县志本补。

10　公子：原无，据县志本补。

11　一栋：县志本无。

12　此句原作"公服亦赤"，据县志本改补。

13　会食毕：原无，据县志本补。

14　酹酒：以酒浇地，表示祭奠。古代宴会往往行此仪式。

15　于地：原无，据县志本补。

16　等：原无，据县志本补。

17　同日：原无，据县志本补。

18　同日：原无，据县志本补。

19　皆：县志本作"应"。

20　欢饮罢：原无，据县志本补。

也[1]！"则[2]反走。八月，杀贼白米堰，蹙之蒿坝江，复嵊县。趋陶家堰，斩贼将[3]二人。沿樊江至乌门山，斩贼将[4]一人。三日三捷，凡斩首千二百级，溺水死者万余人。进援诸暨围，[5]降贼将十一人，众七百余人。十一月，进援台州。转战五日，杀贼将八人，生得四人，斩获无算[6]。十二月，贼帅曾养性夜犯台州，领[7]骁骑万余已渡浮桥。公出城逆击之，追过浮桥[8]。敌[9]于火光中识公，中公以[10]鸟鎗。鎗制范铁为箭[11]，长三尺余，筑硝药加药丸[12]。发机然药丸，以火力出[13]，杀人百步。闽人近以竹为之，中涂漆，外缠藤，又漆傅[14]之，坚如[15]铁。今皆禁私制，杀人以故论。中公者，乃有铅条穿喉出，不断喉者才一缕。公[16]犹杀贼数人，众乘之，[17]移时贼乃退。公[18]归帐，下马释甲[19]，大

1　此句原无，据县志本补。

2　则：县志本作"贼"。

3　将：县志本作"帅"。

4　将：县志本作"帅"。

5　围：原无，据县志本补。

6　此句原无，据县志本补。

7　领：原无，据县志本补。骁：县志本作"枭"。

8　"公出城逆击之"等十字：县志本无。

9　敌：县志本作"贼"。

10　以：原无，据县志本补。

11　箭：同"筒"。

12　此句原作"实火药加铁丸"，据县志本改补。

13　以：县志本作"藉"。

14　傅：通"附"。附着。

15　如：县志本作"于"。

16　公：原无，据县志本补。

17　此句原无，据县志本补。

18　公：原无，据县志本补。

19　马释甲：原无，据县志本补。

叫一声[1]，即[2]昏绝，至[3]明日乃[4]苏。时和硕康亲王，以奉命大将军来[5]统师，赍[6]送散酒、人葠[7]治公。固山贝子以下，皆[8]诣公慰劳，日夕就帐视。月余颈创平，王与贝子赠公锦袍、貂帽、骏马、金玦、鞍辔有差[9]。即以是月擢严州协副将。十四年春，真授副将，以出[10]首耿[11]精忠逆书故也，寻以军功加都督同知。八月，统兵[12]进遂安。至十五年二月，先后五捷，凡[13]擒斩贼将百余人，贼众三千三百余人[14]，释胁从者十四人，还被掠妇女百五十口。七月，开化贼将白显忠以书来啗[15]公上爵。公大怒，拔刀砍案，立槭贼使，赍书送总督军门。上马引军至[16]开化，四战杀贼三千七百余人[17]，复开化、遂平贼诸寨。凡招降贼将三百余人，兵万二千人。抚流民二万，复其业。其年九月，康亲王进师福建，精忠降。余党在处州、温州者，公皆平之，复云和、松阳、龙泉三县。十八年，兵部乃议公功，加三等，授左都督。他复有功，无可加，加等，记录注册而已食一品俸。公自永州调宁波，即值[18]闽逆乱，又复大小身

1　此句原无，据县志本补。

2　即：原无，据县志本补。

3　至：原无，据县志本补。

4　乃：原无，据县志本补。

5　来：原无，据县志本补。

6　赍：原无，据县志本补。赍：把东西送给别人。

7　人葠：人参。葠，同"参"。

8　皆：县志本作"均"。

9　此句原作："贝子赠公锦袍、貂帽、骏马"，且系于"皆诣公慰劳"句后，据县志本改补。

10　出：原无，据县志本补。

11　耿：原无，据县志本补。

12　统兵：原无，据县志本补。

13　凡：原无，据县志本补。

14　余人：县志本作"有奇"。

15　啗：以利诱惑他人。

16　至：县志本作"进"。

17　余人：县志本作"有奇"。

18　值：原作"直"，据县志本改。

经数十战。至是，功加左都督，而公亦老矣。又三年，乃解严州副将任而归，是年六十有一。

公有兄曰起[1]明，弟曰起泰，先[2]皆避乱相失。后知公官所，来会[3]。公告以父没藁葬，故兄与[4]弟乃先归，改葬父[5]于应山之南乡。起明任建昌同知，启泰功加都司[6]。寻亦相继卒，两家五孤儿皆髫龄[7]，公抚若己子，以养以教[8]。迄于成立，且分田分宅，皆各有家[9]。至是公[10]归，展父墓，躬[11]负土加封，哭奠如礼[12]，远近来观[13]。公哭语子姓曰："向忍死，不能从我父[14]，即藁葬我父[15]去，我殆非子！向忍死，脱又不能致命疆场报国恩，我殆非臣！我乃今[16]得拜我父[17]墓下。"闻者泣下[18]。

1　起：原作"启"，据县志本改。
2　先：原无，据县志本补。
3　会：原作"相依"，据县志本改。
4　与：原无，据县志本补。
5　父：原无，据县志本补。
6　"起明任建昌同知"等十三字：原无，据县志本补。
7　髫龄：原无，据县志本补。
8　"公抚若己子"等九字：原作"抚而教之"，据县志本改补。
9　"迄于成立"等十三字：原无，据县志本补。
10　公：原无，据县志本补。
11　躬：原无，据县志本补。
12　此句原无，据县志本补。
13　此句原无，据县志本补。
14　父：县志本作"公"。
15　父：县志本作"公"。
16　乃今：县志本作"乃今"。
17　父：县志本作"公"。
18　此句原无，据县志本补。

　　二十六年，公率乡人¹请于邑²令任公³，定均摊法，永⁴除里役之征，泐⁵于石⁶。民乃得安集受田，至今德公⁷。公于是捐赀为任公建祠于印台山，并买田七石，以永其祀。复于祠前专建金星阁。其山旧有大慈庵，亦加重修，且添设两厢各房。前首系前任张题⁸，曰"洪起元特建护国助战金星阁"，盖纪实也⁹。二十七年，武昌乱兵夏逢龙等将逼应山。公命子¹⁰一栋捐千金¹¹，募乡勇二百人及家丁二百¹²，结营城外。贼至，公据鞍上马，指挥逐之，城赖以安¹³。二十八、九两年连荒，公出粟千石助赈。复私设粥厂数月，郡属六城多就哺，全活无算¹⁴。他所赈贷¹⁵施予，为德于乡里者甚众。三十一年¹⁶，行乡饮酒礼¹⁷，礼¹⁸公上¹⁹宾。

　　1　率乡人：县志本无。

　　2　邑：原无，据县志本补。

　　3　任公：原无，据县志本补。任公即任启元，字复斋，沈阳人。康熙二十年（1681年）任应山知县，颇有治绩。同治《应山县志》卷十一《名宦》有传（卷十，作康熙二十九年来任，误也）。

　　4　永：原无，据县志本补。

　　5　泐：同"勒"。铭刻，用刻刀书写。

　　6　此句原系于"至今德公"句后，据县志本改。

　　7　此句县志本无。

　　8　前任张：张知县，生平事迹失考。

　　9　"公于是捐赀"等七十四字：原无，据县志本补。

　　10　子：原无，据县志本补。

　　11　此句原无，据县志本补。

　　12　此句原作"募乡勇及家丁二百人"，据县志本改补。

　　13　此句原无，据县志本补。

　　14　"二十八"等三十三字：原无，据县志本补。

　　15　赈贷：县志本作"贷恤"。

　　16　此句原无，据县志本补。

　　17　乡饮酒礼：周代乡学三年业成大比，考其德行道艺优异者，荐于诸侯。将行之时，由乡大夫设酒宴以宾礼相待，谓之"乡饮酒礼"。历朝沿用，亦指地方官按时在儒学举行的一种敬老仪式。

　　18　礼：原无，据县志本补。

　　19　上：县志本作"大"。

自公父故好施，众称洪善人。至公，家日饶，施亦广。有故家子质妇寒衣，岁除不能赎，夫妇相诟评[1]，妇不欲生。夜分闻垣内有物堕地，夫启户视之，获一锦衣，裹钱二千。启垣门迹之，无人焉。返告妇，惊喜以为神。公没后，有老仆语其事，实公使为之。公戒仆勿泄，仆亦终不言某子姓氏。公阴行其德，类如此[2]。公[3]卒于康熙三十五年，年七十有五。配彭氏，赠夫人。继配王氏，封夫人。再配许氏，后以子贵，赠宜人；子一栋。

一栋，号[4]石臣。幼聪颖过人。弱冠为诸生，应山人称之曰洪公子[5]。公子慷慨负气节，善骑射，喜论兵，类父都督少年时[6]。当都督之在宁波也，闽寇反，浙江[7]东骚动。公子在乡里，先募得同里[8]壮士何喜等百五十人，日与习射控马。马蹄啮[9]，或不敢近，公子睨之，跃而上，疾驰去。行数里返，众乃服，皆曰："从公子何所效死！"曰："待之。"会都督遣官来[10]迎，皆曰："死得所矣。"公子为众给装资[11]，膳其家，誓之曰："此行即官军，有不一[12]用命，众戮之。"皆曰："敢不以死事[13]公子！"遂行。至浙江提督军门，请率

1　诟评：责骂。

2　"自公父"等一百一十五字：原无，据县志本补。

3　公：原无，据县志本补。

4　号：原文、县志本皆作"字"。按《严陵洪氏统宗谱》卷之尾《仁峰十景引》作者"一栋"下有原注："字硕庵"。康熙《重修台湾府志》卷十《洪郡司马传》："公讳一栋，号石臣。"改之。

5　公子：原无，据县志本补。

6　此句原无，据县志本补。

7　江：原无，据县志本补。

8　同里：原无，据县志本补。

9　蹄啮：马用蹄踢和用嘴咬。

10　官来：原无，据县志本补。

11　给装资：原无，据县志本补。

12　一：县志本无。

13　事：县志本作"奉"。

所募随父营自效。遂[1]自为一队，号线枪手。都督命公子射，三发皆中的[2]。此百五十人以次射，皆中。都督曰："此可战矣。"于是公子战辄胜。闽乱平，公子[3]以军功加二级记录四次[4]。二十一年，侍都督归，散何喜等还其家。后复募人逐贼本县城下，即绝口不言兵事[5]。

都督没，有田五千亩。人或语公子以无田为病，公子笑曰："无田病，多田亦病。盍以吾病济人病，与其两病也?"自五十亩至百亩，减价卖，而书故买值契与之。数年间，去田半，曰："吾二子，半能守，幸矣!"公子友或遇丧不能举，而义又不苟向人乞贷。公子闻，往唁。执其手哭，纳白金三十两于袖，趋出[6]。少选[7]，奴子舁[8]白布至其家，丧葬得如礼，弔者讶之。岁暮，诸所交贫士，或仰屋而叹。既而曰："有洪公子在!"将除，果各有餽[9]金至。皆称，其家人多寡以为差，岁且为常[10]。

初以赀[11]当得知县，及兵马司指挥[12]，后加赀[13]至府同知，皆未谒选。都督没后十三年，乃就选，除福建台湾府海防同知。台湾地膏腴，民不能尽垦，内地贫者往垦辄饶富。顾屡丰不积谷，遇旱则

1　遂：县志本作"随"。

2　的：原无，据县志本补。

3　公子：原无，据县志本补。

4　加级：清制，凡官员立有功绩或经考核成绩优良者，可交部议叙，给予记录或加级的奖励（武职也称"功加"）。

5　"后复募人逐贼本县城下"等十七字：原无，据县志本补。

6　趋出：小步疾行退出。示恭敬。

7　少选：一会儿；不多久。

8　舁：共同抬东西；携带。

9　餽：同"馈"。

10　"都督没"等一百七十二字：原无，据县志本补。

11　赀：县志本作"例"。

12　此句原无，据县志本补。兵马司：职官名。为明、清于京师设置的官署。职掌缉捕盗贼、疏理街道沟渠等事。

13　加赀：县志本作"例加"。

大饥，或死或去。异时商人船出入水口皆有稽，稽者不以时，或私纳乃放行[1]。商人以旧规故，亦循之，不敢怨[2]。公子至，察诸所不便[3]，则[4]除水口私纳，舟到以时验行，于商便[5]。年饥请平籴，听商船运米入台，于民便[6]，民以无死[7]。诸多所不便于民者，禁督皆绝[8]，商民乃知德[9]。三年当替，士民请留，留三年。再请再留，凡九年，前此[10]未有也。自初到官时[11]，家所积卖田金，及都督所遗尚二万[12]，官九年而尽。五十六年，犯暑巡海归，卒于官舍[13]，年六十。台湾民巷哭罢市，如丧考妣。追思之，请祀名宦祠。得如请[14]。

　　配许氏，封宜人。子二：国彰，福宁直隶[15]知州；国宝，候选卫[16]千总。孙六：成鼎，乾隆三年戊午[17]举人，三上公车不第，遂养父母，不再试[18]；成能、成爵[19]，国学生；成钰，县尉[20]；成本，廪

1　行：原无，据县志本补。

2　"商人以旧规故"等十二字：原无，据县志本补。

3　此句原无，据县志本补。

4　则：县志本无。

5　此句原无，据县志本补。

6　此句原无，据县志本补。

7　此句原无，据县志本补。

8　"诸多所不便于民者"等十二字：县志本无。

9　此句原无，据县志本补。

10　此：县志本无。

11　时：县志本无。

12　"家所积卖田金"等十四字：原作"家有金两万"，据县志本改补。

13　于官舍：原无，据县志本补。

14　"台湾民巷哭"等二十二字：原作"台湾士民上其功德，祀名宦祠"，据县志本改补。

15　直隶：原作"州"，据县志本改。

16　卫：原无，据县志本补。

17　戊午：县志本无。

18　"三上公车不第"等十三字：县志本无。

19　成爵：原作"成钰、成爵"，据县志本删减。

20　"成钰"等四字：原无，据县志本补。

生[1]；成立，庠生[2]。赞曰：

余闻之成鼎曰："都督公没[3]，来[4]会葬近万人。谋所以私谥公者，佥[5]曰：'危身奉上曰忠，爱民好施曰惠。'以是为公称，遂用之。"私谥，舆论耳，然古有之。维公乡人爱戴公，以是永其思焉，可也[6]。吾乃今而知公之德，又行于乡也[7]。公子少以侠义[8]闻，卒亦有[9]惠于民，民祀之。呜呼，贤哉[10]！都督公之能发奋，自树立，勤劳王家，为国荩臣[11]。乃又有子，岂不亦豪杰之士哉[12]！

叙次大节目，逼真史公。而于一二逸事，写得声光跃然有生气。则又传神余事也。郑炳也[13]

初，洪孝廉以候铨[14]守吏部，于友人处，见余所编《左氏纪事本末》及《筮策洞虚稿》。访余寓斋，以都督公传相属。余推旭庄能。及文成，真觉电光雷礓在楮墨[15]间。都督公，有生气矣，而旭庄之文以传。熊学桥[16]

1　廪生：原无，据县志本补。廪生：明清两代由公家发给银两、粮食的生员。

2　庠生：原无，据县志本补。庠生：旧时府县学校的生员。

3　没：县志本作"殁"。

4　来：原无，据县志本补。

5　佥：全，都。

6　"私谥"等二十四字：原无，据县志本补。

7　此句县志本无。

8　侠义：原作"勇侠"，据县志本改。

9　亦有：县志本作"能"。

10　此句县志本无。

11　荩臣：忠臣。原指帝王所进用的臣子，后称忠诚之臣。荩，古同"进"。

12　"都督公之能发奋"等三十字：原无，据县志本补。

13　郑炳也：郑虎文（1714~1784），字炳也，浙江秀水县人。乾隆七年（1742年）进士，官至左赞善。著有《吞松阁集》。

14　候铨：听候选授官职。

15　楮墨：纸与墨。借指诗文或书画。

16　熊学桥：熊为霖（1714~1784），字浣清，号学桥居士，江西新建县人。乾隆七年（1742年）进士，由编修至侍读。著有《筮策洞虚录》等。

作者简介

罗暹春，字泰初，号旭庄，江西吉水县人。乾隆七年（1742）壬戌科进士，由刑部郎中出知德安府，颇著政绩。官至山东盐运使司兼摄按察使。光绪《德安府志》卷之十、光绪《吉水县志》卷三十三有传。著有《水南灌叟遗稿》。

洪郡司马传

陈元图

　　司马[1]洪公者，以贡生功加，赴部铨选。会台同知缺悬，特简佐理是邦。甫下车[2]，清剔利弊，革除规陋，上条陈数大事。如偷渡之人、止留船户，在台候宪批示发落；船则听其驾回，人则发还原籍，无牵连淹留之患。搬接眷口，及买货客人，准其就各港登舟，无搬运迟滞之艰。往来船只，仍用水单盖印，以便稽察。内地照票，限期出台，以防奸宄[3]。采买锅镬[4]、农具，准其随买随带，以资日用。凡皆有裨于民生，为海口之要务也。

　　台地屡遭荒歉，米粒珠贵。商船载米来台者，赏以银牌，赐以花红。客贩云集，民心以安。上宪闻知，特行褒奖。至于偷贩米粟出港之船，公躬亲盘查，置之以法，不避权势，不稍假贷。摄凤篆[5]旬月，加意民瘼[6]，宽严互施。民无烦苛之苦，有乐土之安。而

　　1　司马：清代府同知的俗称。郡佐之属。魏晋时为刺史属官，理军事。隋唐节度使之下皆置行军司马之官，为佐吏之属，具参谋性质。又每州置州司马一人，多以贬斥之官员任之，徒具虚衔无实际职掌。清代府同知亦俗称"司马"，其实不同。

　　2　下车：官吏到任。周武王灭殷之后，未及下车，立即封黄帝之后于蓟。见《礼记·乐记》。后用以指官吏赴任。

　　3　奸宄：犯法作乱的人。

　　4　镬：古同"鼎"。

　　5　摄凤篆：代理凤山县知县。摄篆，代理或兼理官职。凤，指台湾府凤山县。

　　6　民瘼：民众的疾苦。

其尤大者，豁逃亡丁口百六十有余，讴歌载道。

若夫优以待士、易以近人，士之获礼于其门者，如坐春风中焉。盖其廉洁自持，苞苴[1]悉捐，外无峻人之容，内有刚方之概。筮仕[2]之初，即实心兴革，毫不以因循而废迤事。诗所谓"不素餐[3]兮"，公诚足以当之而无愧[4]矣！

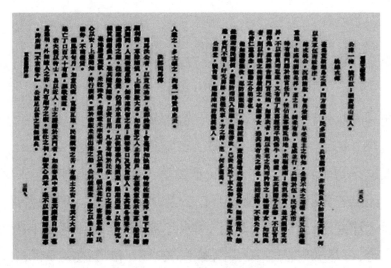

康熙《重修台湾府志》书影（《台湾文献丛刊》本）

公讳一栋，号石臣，湖广应山县人。

文献来源：康熙《重修台湾府志》卷十。[5]

作者介绍

陈元图，号易佩，浙江会稽（今绍兴市）人。明代遗民，台湾府诸罗知县季麟光的僚属。

1　苞苴：馈赠。

2　筮仕：指初出做官。古人将做官时必先占卜问吉凶，故后称刚做官为"筮仕"。

3　不素餐兮：语本《诗经·魏风·伐檀》："不稼不穑，胡取禾三百廛兮；不狩不猎，胡瞻尔庭有县貆兮。彼君子兮，不素餐兮。"素餐，无功劳而空享俸禄。

4　愧：古同"愧"。

5　洪一栋参与了重修府志的校订工作，参见该志卷首《重修府志姓氏》。

洪成鼎传 (二则)

一

洪成鼎，字子镇，号悔翁，湖北应山人。年十八，举于乡。后选蜀之安岳县，以不谙吏治，改教职。囊橐[1]萧条，侨寓合。凡六年，皋比[2]合宗[3]，多所造就。性高雅，古道自维。不修边幅，青鞋布袜。日搜名山古迹，入锦囊中。喜诵渊明诗，提笔辄效之。字效米南宫[4]，得其遗意。有石痴，颠亦相垺[5]。方伯[6]查铁崖[7]，器其人。为佽金[8]，倡同官辈济之。今现任鹤峰州广文[9]。

文献来源：嘉庆《合州志》卷十。

---

1 囊橐：盛物的袋子。大称囊，小称橐。或称有底面的叫囊，无底面的叫橐。
2 皋比：虎皮的座席。后指教师的讲席。
3 合宗：合宗书院。
4 米南宫：北宋书画家米芾，曾官礼部员外郎，因称。
5 相垺：相等。
6 方伯：布政使。殷周时代一方诸侯之长。后泛称地方长官。汉以来之刺史，唐之采访使、观察使，明清之布政使均称"方伯"。
7 查铁崖：即查礼（1716~1783），字恂叔，又字俭堂，号铁桥，别号铁崖，顺天府宛平县人。官至四川布政使、湖南巡抚。著有《铜鼓书堂遗稿》等。
8 佽金：助金。佽，帮助，资助。
9 广文：明、清时对教授、教官的别称。

二

洪成鼎，字子镇，号悔翁，湖北应山人。少有俊才，十八举于乡[1]。屡试春官[2]不第，乃就选人格[3]，得安岳县知县。到任未久，以不合时宜，忤上官恉[4]用，不谙吏治，劾改教职。而文名藉[5]甚，合人士皆欲得以为师，乃延聘为合宗书院山长[6]。前后六年，成就甚重，如张乃孚、杨士鑠世所称四大家[7]者，大率皆其入室弟子也。成鼎为人古质，不修边幅。见客每以前辈自居，无所屈让。而性特高尚，讲授之余，辄青鞋布袜，搜访名山胜迹入古锦囊中。喜诵陶泉明诗，捉笔则效之。字仿米南宫，颇得其遗意；有石痴，颠亦相埒。间其在成都日，尝以拄杖挂大瓢，笠帽棕鞋，游行街市，所至琅琅有声。儿童拍手揶揄之，略不瞻顾。或遇达官贵仕旧与相识，不避亦不讱[8]，视与儿童等也。独查方伯深赏之，为镌其所撰惠陵武侯祠诗《北地王叹》及《谯周论》于石，并率同官饮金赒之。归楚，得选鹤峰州教官。久之，卒。张乃孚《合州志》《问滨余草续编》。

文献来源：民国《新修合川县志》卷五十八。

1　此句：按同治《应山县志》卷二十三《选举·乡举》："洪成鼎：乾隆戊午科。鹤峰州训导，升四川安岳知县。"

2　春官：唐光宅年间曾改礼部为春官，后"春官"遂为礼部的别称。

3　就选人格：此指洪成鼎以孝廉出仕。孝廉，汉代选举官吏的科目，由各郡推举的孝子与廉洁之士。被举荐的人须具备崇高的道德品格。

4　恉：意旨；意图。

5　藉：形容名声盛大。

6　山长：唐代、五代时对山居讲学的人的敬称。至宋、元时书院设山长，讲学兼领院务。

7　四大家：张乃孚、杨士荣、彭世仪、冯镇峦是清代合州文化学术的领军人物，世称"合川四子"。

8　讱：出言缓慢谨慎。

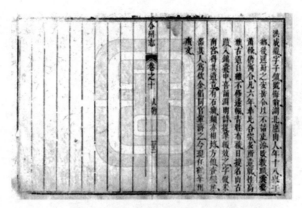

嘉庆《合州志》书影（国家图书馆藏本）

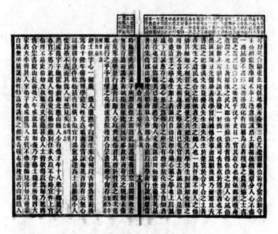

民国《新修合川县志》书影（国家图书馆藏本）

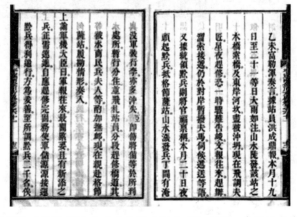

格节萨站站员洪成鼎的奏报（《平定两金川方略》书影，嘉庆五年武英殿刊本）

洪成立传略

　　洪成立，字静庵，庠生。性沉静孝慈，读书以瀹[1]性养心为务，凡朱程注疏[2]，必穷其奥窔[3]，非徒精制艺[4]已也。家居授徒时，以"无惭衾影[5]"相勖，以故从游者多端品行之士，学者宗之，称静庵先生。

　　文献来源：同治《应山县志》卷二十七。[6]

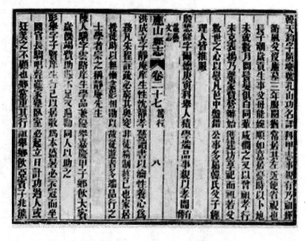

同治《应山县志》墨影（《中国地方志集成》影印本）

　　1　瀹：浸渍。

　　2　朱程：亦作"程朱"。宋儒程颐及朱熹，合称为"程朱"。其学皆以主敬存诚为主，世称程朱之学。

　　3　奥窔：古代称屋室的西南隅为"奥"，东南隅为"窔"。奥窔泛指堂室之内。借指隐蔽深曲之处。引申指奥妙精微之处。

　　4　制艺：旧指八股文。

　　5　无惭衾影：亦作"衾影无惭"。语本（北齐）刘昼《刘子》卷二《慎独》："独立不惭影，独寝不愧衾。"比喻为人光明磊落，独处时亦问心无愧。相勖：勉励。

　　6　文题为编者所加。

洪万贞事略

林传甲

湖北地方自治之名，自清季始，然务名而不得覈实，转为守旧者所訾议[1]。自民国成，民气嚣而民益不安，政府乃停止自治，然湖北先民自治之精神，不可磨灭。有其实不必居其名，谨述应山县先儒洪乾四万贞保甲实绩为自治模范，以立共和根本焉。

尚齿　洪先生年最尊，学最通博，为之长；韩幼华次之，曹英亭、李沐卿皆以齿为之佐。

无给　先生服务社会，办地方公益，未尝受薪水，视为当然，有英国议员无给美德。

久任　先生年六十至七十二，服务十二年，勤慎有恒，精神健全，无厌无倦。

户册　先生座右列五十二会户口册，全县丁口生业无所不知，尤注重于学童。

门牌　知县南皮张枢[2]捐廉发给，不取民间分文。文襄[3]督鄂，张枢回避去，民皆思之。

1　訾议：指责、批评。
2　张枢：晚清名臣张之洞从子，河北省南皮县人，光绪十二年（1886年）任应山知县。
3　文襄：张之洞谥号。

节费　先生视公事为家事，公款由他人经手，其节费自不染官场恶习。始述于左：

不设局所：先生在自设学堂内课余办公。公余授课。例办赈捐、育婴等事极多。

不设员役：册籍皆儿孙学生抄录，洒扫皆学生任之。童子将命，实习应对。

公议　凡乡人疑难之事，兴革之端，争执之件，得先生一言而服。学生咸服其公。

呜呼！自治不在法令而在实行，不在经费而在道德。共和国民，其取法先生正典型乎？

文献来源：《大中华湖北省地理志》。[1]

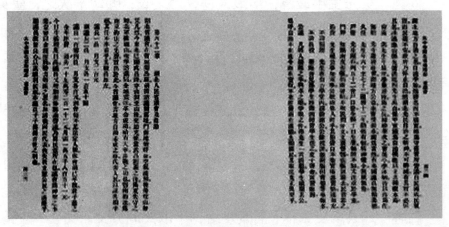

《大中华湖北省地理志》书影

作者简介

1　原文无题，编者所加。

作者简介

林传甲（1878～1922），号奎腾，福建闽侯（今福州市区）人。6岁丧父，后阖家寄居开国功臣府之锡善堂达12年，师从洪万贞。早年就读于西湖书院，博览群书，尤长经史、地理、文学，为张之洞所器重。清光绪二十八年（1902年）乡试第一。两年后，出任京师大学堂文学教授，主讲中国文学史。光绪三十四年（1908年）起，在黑龙江、湖南、湖北、北京、广西、内蒙古等地兴办教育。民国六年（1917年），愤于"外人谋我之急"，在中国地理学会发起编纂《大中华地理志》，出任总纂。编纂出版有浙江、江苏、安徽、福建、京师、京兆、湖北、直隶、山东、湖南、吉林等省地理志，以及《大中华直隶省易县志》《察哈尔乡土志》等。

辑四 封赠

洪起元功臣府事文录

南赣镇标都司管前营游击事洪起元敕命并妻诰命

康熙《应山县志》墨影（《中国地方志集成》影印本）

顺治十四年，进南赣镇标都司管前营游击事洪起元阶怀远将军，赠元妻[1]彭氏、封继妻许氏为淑人[2]。

1　元妻：元配。

2　淑人：古命妇封号。宋凡尚书以上官未至执政者，其母、妻封为淑人，明为三品官员祖母、母、妻封号。清因明制，又增宗室奉国将军之妻为淑人。

敕曰：褒忠表义，昭代[1]之良规；崇德报功，圣王之令典[2]。特颁恩命，以奖勤劳。尔南赣镇标都司管前营游击事洪起元，起身行伍，克自振拔[3]；授以都司，无忝[4]厥职。服勤戎务，训练有方；恪慎小心，劳绩素著。式逢庆典，宜锡[5]宠章，兹以覃恩[6]，特授尔阶怀远将军，锡之诰命。于戏[7]！恩推自近，乃弘奖夫崇阶；业广惟勤，尚克承[8]夫宠锡。钦予时命[9]，励尔嘉猷[10]。

诰曰：夙夜维勤，人臣宁遑内顾[11]；伉俪无忝，国常岂靳[12]隆施。锡章服[13]以酬勋，念壸仪[14]之媲美。尔南赣镇标都司管前营游击事洪起元妻彭氏，克勤内德，宜尔室家。眷良臣靖共[15]之猷，赖淑女匡襄[16]之助，爰褒令范[17]，式沛新纶[18]。兹以覃恩，赠尔为淑人。于戏！敬尔有官[19]，肃闺门而合好；职思其内，尚黾勉[20]以同心。祗

1　昭代：政治清明的时代。人臣常用其称颂本朝。
2　令典：好的典章法度。
3　振拔：振奋自拔。
4　无忝：不玷辱；不羞愧。
5　锡：通"赐"，给予；赐给。宠章：封建时代表示高官显爵的章服。
6　覃恩：广施恩泽。旧时多用以称帝王对臣民的封赏、赦免等。
7　于戏：犹于乎。感叹词。亦作"于熙"。
8　克承：能够继承。
9　时命：当时政府的命令。朝廷的命令。
10　嘉猷：治国的好规划。
11　内顾：关心顾虑家室之事。
12　靳：吝惜。
13　章服：绣有日月、星辰等图案的古代礼服。每图为一章，天子十二章，群臣按品级以九、七、五、三章递降。
14　壸仪：为妻室者的仪范。壸，古通"闱"，内室。
15　靖共：恭谨地奉守；静肃恭谨。亦作"靖恭"。
16　匡襄：辅佐帮助。
17　令范：可为楷模的美德。
18　纶：指帝王的诏书旨意。
19　官：通"管"，管制，管理。
20　黾勉：勉励、努力。亦作"僶勉"、"僶俛"。

服 [1] 殊恩，用昭壸德 [2]。

　　诰曰：宜家无妇，劳臣不免于内顾之忧；继室有人，盛朝恤其相夫之德。何分先后，并贲 [3] 褒纶。尔南赣镇标都司管前营游击事洪起元继妻许氏，嗣操壸政 [4]，克相夫纲。帏有前徽 [5]，既见和柔合德 [6]；宜申再命，用彰黾勉同心。兹以覃恩，封尔为淑人。于戏！内则 [7] 是娴，允垂光于青史；令仪 [8] 不忒 [9]，宜加毖 [10] 于深闺。尚 [11] 克钦承，以昭宠命。

　　文献来源：康熙《应山县志》卷之四。[12]

1　祗服：敬谨奉行。

2　壸德：为妻室者的道德品行。

3　贲：盛美的赏赐。

4　壸政：家政。

5　前徽：前人的美德。

6　合德：犹同德。

7　内则：《礼记》篇名。内容为妇女在家庭内必须遵守的规范和准则。借指妇职、妇道。

8　令仪：指美好的仪容、风范。

9　不忒：没有变更；没有差错。

10　毖：谨慎。

11　尚：原（抄）本作"向"，刻本作"尚"，《严陵洪氏统宗谱》亦作"尚"。今从刻本。

12　原文无题，编者所加。

南赣镇标都司管前营游击事
洪起元父母诰命

赠南赣镇标都司管前营游击事洪起元之父洪谏[1]为怀远将军，谏妻王氏为淑人。

诰曰：扬名显亲；为子者愿以令德[2]归之父；考绩[3]褒贤，教孝者宜以高爵作之忠。是用推恩[4]，特申休命[5]。尔洪谏，乃南赣镇标都司管前营游击事洪起元之父，义方[6]有训，式谷[7]无惭。念尔嗣之勤劳，既克家[8]而报国；俾尔泽之昌大，爰锡类[9]以昭仁。兹以覃恩，赠尔为怀远将军、南赣镇标都司管前营游击事。锡之诰命。于戏！教诲尔子，永无忝[10]于家声；聿修[11]厥德，尚无负于国恩。钦承

1　洪谏：《严陵洪氏统宗谱》作"洪建"。
2　令德：美德。
3　考绩：以一年为期，就工作人员的工作表现，考评其成绩。
4　推恩：广布恩惠。
5　休命：美好的命令。多指天子或神明的旨意。
6　义方：行事应该遵守的规范和道理。后多指教子的正道，或曰家教。
7　式谷：谓以善道教子，使之为善。
8　克家：能承担家事，继承家业。
9　锡类：语本《诗·大雅·既醉》："孝子不匮，永锡尔类。"毛传："类，善也。"郑玄笺："孝子之行非有竭极之时，长以与女之族类，谓广之以教导天下也。"谓以善施及众人。
10　无忝：不玷辱；不羞愧。
11　聿修：指继承发扬先人的德业。聿，古汉语助词，用在句首或句中。

宠命，慰尔幽灵[1]。

诰曰：国体劳臣，必遡源而沛泽[2]；家崇哲嗣[3]，爰归善于厥生。盛典维新，壸仪[4]愈著。尔南赣镇标都司管前营游击事洪起元母王氏，帏范[5]克端，胎教居身教之先；慈训[6]惟勤，能爱在能劳之后。宜沛貤封[7]，用昭母德，兹以覃恩，赠尔为淑人。于戏！子情罔极[8]，感顾[9]复而敦孝[10]；国纶普被，念劬劳[11]以疏荣。嘉乃恩勤，褒其遗范。

文献来源：康熙《应山县志》卷之四。[12]

1　幽灵：死者的灵魂。

2　沛泽：盛大的恩泽。

3　哲嗣：尊称别人的儿子。

4　壸仪：为妻室者的容止仪表。

5　帏范：内室的典范。引申指妇女的典范。

6　慈训：母亲的教训。

7　貤封：置官赠爵。清制，文武官员以自己所应得的爵位名号，呈请改授与亲族尊长，称为"貤封"；若其人已死，则称为"貤赠"。

8　罔极：《诗·小雅·蓼莪》："父兮生我，母兮鞠我……欲报之德，昊天罔极。"朱熹集传："言父母之恩，如天无穷，不知所以为报也。"后因以"罔极"指父母恩德无穷。也指人子对于父母的无穷哀思。

9　感顾：感激眷念。

10　敦孝：克敦孝行。笃行孝道、善行。

11　劬劳：劳苦、辛勤。

12　原文无题，编者所加。

南赣镇标都司管前营游击事
洪起元祖父母诰命

　　赠南赣镇标都司管前营游击事洪起元之祖洪大全为怀远将军，全妻金氏为淑人。

　　诰曰：恩彰下逮[1]，勉笃棐[2]于群僚；家有贻谋[3]，本恩勤[4]于大父。用溯源流之自[5]，爰推纶綍[6]之荣。尔洪大全，乃南赣镇标都司管前营游击事洪起元之祖父，植德[7]不替[8]，爰启后人，绵及乃孙。丕[9]彰

1　逮：及，赶上，达到。

2　笃棐：忠诚辅助。

3　贻谋：语本《诗·大雅·文王有声》："诒厥孙谋，以燕翼子。"后以"贻谋"指父祖对子孙的训诲。

4　恩勤：语本《诗经·豳风·鸱鸮》："恩斯勤斯，鬻子之闵斯。"指父母鞠育子女的慈爱劬劳。大父：称祖父。

5　用溯源流之自：原本阙失，校注本注："刻印本作'用溯流之自'，手抄本作'用溯源流之自'。"《严陵洪氏统宗谱》作"用溯源流之自"。今从谱本。

6　纶綍：语本《礼记·缁衣》："王言如丝，其出如纶；王言如纶，其出如綍。"郑玄注："言言出弥大也。"孔颖达疏："'王言如纶，其出如綍'者，亦言渐大，出如綍也。綍又大于纶。"后因称皇帝的诏令为"纶綍"。

7　植德：立德。

8　替：废除。

9　丕：大。

鸿绪[1]，休[2]贻大父，聿[3]观世泽。兹以覃恩，赠尔为怀远将军、南赣镇标都司管前营游击事，锡[4]之诰命。于戏！垂裕[5]孙谋，已沐优沃之典；崇褒祖德，用邀锡类之仁。贻厥奕祚[6]，佩此新纶[7]。

诰曰：一代褒功，劝酬[8]示后；再世承恩，崇奖及先。绩既懋[9]于公家，庞宜追于王母[10]。尔南赣镇标都司管前营游击事洪起元祖母金氏，尔有慈谋[11]，裕及后坤。念兹称职，端由壶教[12]，爰锡褒仪之贵，用昭种德[13]之勤。兹以覃恩，赠尔为夫人。于戏！遡其家法，爰劳既殚先图；贲乃国章[14]，昌融益开来绪。永期丕赞，用席[15]隆庥[16]。

文献来源：康熙《应山县志》卷之四。[17]

1　鸿绪：王者世代相传的大业。也作"洪绪"。

2　休：福禄，吉庆。

3　聿：古汉语助词，用在句首或句中。

4　锡：通"赐"。给予；赐给。

5　垂裕：谓为后人留下业绩或名声。孙谋：顺应天下人心的谋略。孙，通"逊"。语出《诗·大雅·文王有声》："诒厥孙谋，以燕翼子。"郑玄笺："孙，顺也……传其所以顺天下之谋，以安其敬事之子孙。"一说，"孙谋"是为子孙筹划的意思。朱熹集传："谋及其孙，则子可以无事矣。"

6　奕祚：福佑后世。奕，累；重。祚，福佑。

7　纶：指帝王的诏书旨意。此处指制诰。

8　劝酬：相互劝酒。

9　懋：勤勉努力的。

10　王母：祖母。

11　慈谋：指妇女对子孙的训诲。

12　壶教：指妇女对子孙的教诲。壶，古通"阃"，内室。亦泛指妇女居住的内室。

13　种德：修积德行。

14　国章：国之礼仪典章。

15　席：凭借，倚仗。

16　庥：古同"休"，吉庆。

17　原文无题，编者所加。

镇守浙江严州等处地方都督同知加二级
洪起元祖父母诰命

　　奉天承运，皇帝制曰：恩彰下逮，勉笃棐于群寮；家有贻谋，本恩勤于大父。用溯源流之自，爰推纶綍之荣。尔洪大全，乃浙江严州副将事加一级洪起元之祖父。植德不替，佑启后人，绵及乃孙。丕彰鸿绪，休贻大父，聿观世泽。兹以覃恩，赠尔为骠骑将军、浙江严州副将官事加一级，锡之诰命。于戏！垂裕孙谋，已沐优沃之典；崇褒祖德，用邀锡类之仁。贻厥奕祚，佩此新纶。

　　制曰：一代褒功，劝酬示后；再世承恩，崇奖及先。绩既懋于公家，庞宜追于王母。尔浙江严州副将管副将事加一级洪起元祖母金氏，尔有慈谋，裕及后坤。念兹称职，端由壸教，爰锡褒仪之贵，用昭种德之勤。兹以覃恩，赠尔为夫人。于戏！遡其家法，爰劳既殚先图；赍乃国章，昌融益开来绪。永期丕赞，用席隆庥。

　　康熙十肆年十贰月十四日

　　制诰之宝 1

　　文献来源：《严陵洪氏统宗谱》卷之二。

　　1　宝：印信符玺。

镇守浙江严州等处地方都督同知加二级洪起元父母诰命

奉天承运，皇帝制曰：扬名显亲，为子者愿以令德归之父；考绩褒贤，教孝者宜以高爵作之忠。是用推恩，特申休命。尔洪建[1]，乃浙江严州副将管副将事加一级洪起元之父。义方有训，式谷无惭。念尔嗣之勤劳，既克家而报国；俾尔泽之昌大，爰锡类以昭仁。兹以覃恩，赠尔为骠骑将军、浙江严州副将管副将事副将加一级，锡之诰命。于戏！教诲尔子，永勿忝于家声；聿修厥德，尚无负于国恩。钦承宠命，慰尔幽灵。

制曰：国体劳臣，必遡源而沛泽；家崇喆嗣[2]，爰归善于厥生。盛典维新，壸仪愈著。尔浙江严州副将管副将事加一级洪起元母王氏，帏范克端，胎教居身教之先；慈训惟勤，能爱在能劳之后。宜沛弛封，用昭母德。兹以覃恩，赠尔为夫人。于戏！子情罔极，感顾复而敦孝；国纶普被，念劬劳以疏荣。嘉乃恩勤，褒其遗范。

康熙十肆年十二月十四日

制诰之宝

文献来源：《严陵洪氏统宗谱》卷之二。

1　洪建：康熙《应山县志》作"洪谏"。
2　喆嗣：哲嗣。尊称别人的儿子。喆，同"哲"。

镇守浙江严州等处地方都督同知加二级 洪起元并妻诰命

奉天承运，皇帝制曰：褒忠表义，昭代之良规；崇德报功，圣王之令典。特颁恩命，以奖勤劳。尔浙江严州副将管副将事加一级洪起元，起身行伍，克自振拔；授以副将，无忝厥职。服勤戎务，训练有方；恪慎小心，劳绩素著。欣兹庆典之逢，宜佩恩纶之宠，爰颁新命，以示褒嘉。兹以覃恩，特授尔骠骑将军，锡之诰命。于戏！恩推自近，乃弘奖夫崇阶；业广惟勤，尚克承夫宠锡。钦予时命，励尔嘉猷。

初任江西南赣镇标前营游击

二任江西南赣镇标中军游击

三任湖广郧阳镇标中军游击

四任湖广武昌镇标[1]中军游击

五任永平州镇标中军游击

六任浙江提标中军参将

七任今职

制曰：夙夜维勤，人臣宁遑内顾；伉俪无忝，国常岂靳隆施。锡章服以酬勋，念壶仪之媲美。尔浙江严州副将管副将事加一级洪

---

1   镇标：原作"镇"，据文意补。

起元妻彭氏，克勤内德，宜尔室家。眷良臣靖共之猷，赖淑女匡襄之助，爰褒令范，式沛新纶。兹以覃恩，赠尔为夫人。于戏！敬尔有官，肃闺门而合好；职思其内，尚龟勉以同心。祗服殊恩，用昭幽德。

制曰：宜家无妇，劳臣不免于顾内之忧；继室有人，盛朝恤其相夫之德。何分先后，并奔褒纶。尔浙江严州副将管副将事加一级洪起元继妻王氏，嗣操壸政，克相夫纲。帏有前徽，既见和柔合德；廷申再命，用彰龟勉同心。兹以覃恩，封尔为夫人。于戏！内则是娴，允垂光于青史；令仪不忒，宜加愍于深闺。尚克钦承，以昭宠命。

康熙十肆年十贰月十四日

制造之宝

文献来源：《严陵洪氏统宗谱》卷之二。

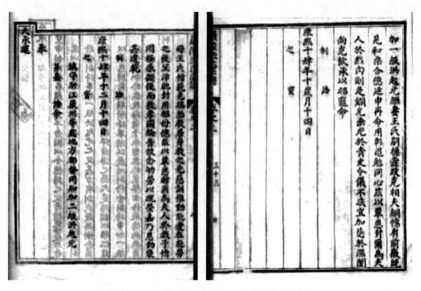

《严陵洪氏统宗谱》书影（上海图书馆藏本）

辑五　碑铭

洪起元功臣府事文录

荣禄大夫骠骑将军镇守严州左都督
洪公起元神道碑

彭启丰

　　皇上御极之三十年，诏在廷文学之士，考遗文，述故事，昭功臣世家贤大夫之业。于是湖北贡士洪成鼎，以其曾大父都督公状上之有司，移史馆，法当列传。退而以公隧道之碑未列也，复走京师，介其乡先进在仕籍者，征文于余。惟公天禀忠赤，不忘丧元[1]，歼殄[2]丑类，扫除区宇，佐国家成勘定之业，功伟一时，伐垂后嗣，其乌可以无述。爰博稽事实，着公之大节，以信后世。

　　公讳起元，字瑞芝，先世由严州徙歙县。六世祖讬，明成化中进士，官大理寺少卿，寄籍北直之卢龙。曾祖荣仕，嘉靖中进士，官汝南留守。卒于官，会岁荒道梗，丧不得归。子大全，卜葬湖北应山，家焉。是为公大父。父谏，仁而好施。两世俱赠骠骑将军。公自幼善骑射，喜谈兵。崇祯末，湖北乱。公移家避乱，猝[3]遇贼，失父所在。直前突入贼队，见父方骂贼；贼怒，临以刃。公大呼杀贼，贼愕，公即夺刃杀数贼，负父走。贼环视，无敢追者。父病，中路殁[4]。公负骨，藳葬先墓旁，孑身走。

1　丧元：掉头颅。亦泛指献出生命。

2　歼殄：灭杀。

3　猝：突然。

4　殁：古同"殁"，死亡。

顺治二年，英亲王统师下九江。公年二十四，应募，以游击用。王既班师，属总兵金声桓，主剿吉安、赣州、南安、宁都诸寇，屡有功。顺治五年，声桓反南昌，趋赣州。初与公同时应募为营官者共二十四人，声桓反，其二十三人俱从反。公方自宁都还，闻变，即率所部四百人疾走赣州，归巡抚刘武元。而声桓兵薄城下，树云梯乘城[1]，公首先击却之。出城，夺云梯十八座。武元喜，劳以金帛与马，而号于众曰："须识此忠勇好男子也！"守赣州三月，杀贼甚众。会大军攻南昌急，声桓撤[2]兵去，公与游击孔国治蹙之水，斩万余人，遂复声桓所陷诸府县。其年十月，广东叛将李成栋犯赣州，公与参将鲍虎击却之，连破十八垒。追至南安，获巨礮[3]数十。六年，大军克南昌，声桓中流矢溺水死。进克信丰，成栋亦溺水死。伪将曾同旦踞雩都，公攻克之。其党董芳策率众数万来争城，公大呼超[4]堞下，众从之，杀数千人。芳策遁，复援信丰，擒伪将二人。七年，土贼彭贺伯、彭顺庆等踞宁都。公与副将高进库率兵围之，树云梯先登，斩贺伯、顺庆，歼其党。十年，叙功授都司，署南赣镇标游击。十一年，会南昌兵，剿伪将曾成吾、符文英等，连破镇南、太湖二寨，斩首千余级。获被掠妇女百二十人，还其家。十二年，道汀州剿大栢，斩伪伯陈其伦。五月，署左协副将事。十三年，剿梅窖峒。峒深险，伪将曾象吾据之，连岁莫能破。公乘夜率众悬崖下，走间道数十里，得其石穴八。缚草为炬，投穴中。烟腾，众惊起，目不得视，我师乘之。众乱，遂大溃，梅窖平。其年冬，汀州妖人反，能作雾迷人，官兵屡败。公统兵至，望见贼营，止军。见贼旗皆黑，下令军中易黄旗。其夜，尽易黄旗。厥明，公先驱入

1　乘城：登城。

2　撤：原作"徹"，据《碑传集》初编本改。

3　礮：古同"炮"。

4　超：跳过，跃过。

贼营，我军大呼从之。贼大惊，术不及施，遂败走，擒斩略尽。十六年，统兵剿伪矦[1]李玉庭。明年四月，获玉庭，斩首三千级。招流民一万余，买谷三千石予之，复其业。还剿羊石寨，斩伪将萧发祥，歼其党。

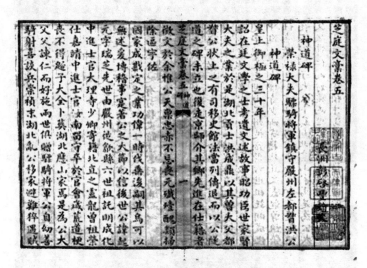

《芝庭文稿》书影（国家图书馆藏本）

《芝庭先生集》墨影（《清代诗文集汇编》影印本）

1　矦：古同"侯"。

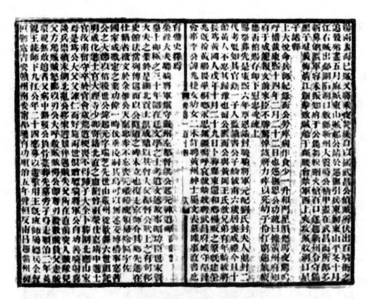

《碑传集》书影（国家图书馆藏本）

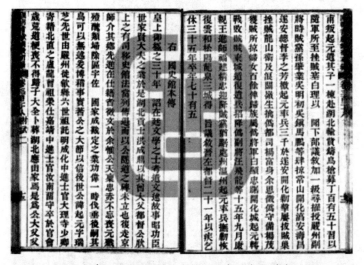

《国朝耆献类征初编》墨影（国家图书馆藏本）

康熙四年，擢署郧阳镇标参将。八年，授武昌镇标参将。九年，调永州。十二年，以副将衔署浙江提标中军参将事，驻宁波。十三年，耿精忠踞福建反，温州总兵祖宏勋应之，陷黄岩及嵊县。公自宁波帅师往，击贼白米堰，斩首百余。追败之蒿江坝，复嵊县。趋陶家堰，连破贼营，斩首六百级，溺水死者万余人。复沿樊江追剿，乌门山斩首千级。诸暨城被围急，公赴援大挫贼，降贼将十一人，众七百余人。会康亲王统师驻京华，分兵剿台州贼。公往援，斩贼将八人，众千余人。是年，叙功加都督佥事衔。冬，贼将曾养性犯台州。公时在城中，出拒战，中镝伤，仍杀贼数人。诸将士继进，贼败走。十四年，擢署严州副将。先是耿精忠以逆书诱宁波将士反，公以闻，至是叙功实授副将，加都督同知。时贼党肆掠遂安、开化间，公率兵援遂安，先后五捷，擒斩贼将二十余人。获被掠妇女百四十人，遣还其家。十五年，贼将白显忠踞开化，贻公书啗以上爵。公怒，拔刀斫案，立械贼使，并书送总督军门。即率兵进战，斩首四千级，白显忠遁，遂平诸贼寨。前后招降贼将三百余人，兵万二千人。抚流民三万人，复其业。其年九月，康亲王进师福建，精忠降，其党犹踞处、温二州。公进兵复云和、松阳、龙泉三城。叙功加左都督。

　　公平居[1]爱养士卒，人乐为之尽。每战，辄先进常服、赤袍、赤铠、赤帻以自异。与子一栋合家丁为一队，皆赤旗，号"敢死军"。将战，以酒醑地曰："吾与尔等今当同日死！"众应曰诺。趣[2]出战，无不以一当百。战罢归，呼酒，其席地饮，曰："吾与尔等贺今日生！"明日战，复然。贼每望见赤旗辄惊走，故公大小数十战，以寡敌众，未尝败北。在军中三十八年，至二十一年以老病乞归。二十七年，武昌兵夏逢龙叛，将掠应山，公率家丁结营郊外，城赖以安。遇凶荒及大徭役，屡散千金以济民困，乡人德焉。三十五年卒，年七十五。妻彭氏，赠夫人。继王氏，封夫人。再继许氏。子一栋，附学生，后官台湾同知。孙二：国彰，福宁知州；国宝，候选千总。曾孙六，成鼎其一也。以某年月日葬于王字坡祖茔之南。铭曰：

1　平居：平日，平素。
2　趣：古同"促"。催促；急促。

天命所属，辐辏[1]群英。虎臣[2]仗剑，来自南荆。桓桓[3]一旅，气盖韩彭[4]。雷霆盘[5]怒，百里震惊。手决巨海，歼彼长鲸。斗牛之野，榛秽[6]荡平。战袍血渍，烂其光明。酹酒于地，生死贞盟[7]。累书功绩，敬告上京。滔滔江汉，万里有声。周之召虎[8]，同厥令名[9]。

　　文献来源：《芝庭先生集》卷十二。

　　参考文献：《芝庭文稿》卷五；《碑传集》卷一百十四；《国朝耆献类征初编》卷三百二十八。

作者简介

　　彭启丰（1701~1784），字翰文，号芝庭，别号香山老人，江苏长洲（今苏州）人。雍正五年状元，官至兵部尚书。著有《芝庭先生集》等。

　　1　辐辏：形容人物的聚集和稠密。
　　2　虎臣：勇武之臣。
　　3　桓桓：威武勇猛的样子。
　　4　韩彭：汉代名将淮阴侯韩信与建成侯彭越的并称。《昭明文选》卷四十一汉·李少卿（陵）《答苏武书》："昔萧樊囚絷，韩彭菹醢。"唐·李善注："《史记》曰：'彭越反，高祖赦之，迁处蜀道，着青衣，行至郑，逢吕后从长安来，越泣曰：愿处故昌邑。后许诺。既至，白上曰：彭越，壮士也，今徙蜀，自遗患，不如诛之。令其舍人告越反，遂夷三族。'《黥布传》：'薛公曰：前年醢彭越，往年杀韩信。'"
　　5　盘：通"蟠"，盘曲，回绕。
　　6　榛秽：丛生的杂草。喻邪恶。
　　7　贞盟：定盟。
　　8　召虎：即召穆公姬虎，周宣王时名将、贤臣，任大宗伯。周厉王出奔后，周公姬旦与召穆公摄政，共同辅佐周宣王，号称"共和"。
　　9　令名：美好的声誉。

台湾海防同知洪一栋纪功碑

郡司马洪公者，深得其为碑之义也。公讳一栋，号石臣，湖广德安府应山县人也。世代勋绩，为时名卿是识，翩翩之公子也。宏□素抱，备略兼优，杜将军，举武禀[1]，介畀诗书，法老子之甲兵。亦军司马，善政绥民，令德柔商，已历历遐迩之。具瞻督[2]，无废子所膺重，九岁不迁其官。而褒其功，万庶无顷借寇[3]；而祝罔陵，公额减悉豁除之。溢属乎，薨者如丧考妣。盖以见公历年久为施泽深，外等瀛海细民，号溢愁，泽蒇厉，思缟斋，号硐离，鸿其爵。思公荡荡兮无能名，祝公奕奕兮见……[4]公惠政而书及夫内，著之陈姓，曰文曰彩者，为其善周。方休公……公优政保赤，器便得人，本无愧表，欺生慢下著戒哉！是为碑。

康熙五十六年花月[5]，捕盗同防衙署：吴外、郑藏、蔡长、林宗，严龁、陈赞、张尚、赵启、王泉、王善、郑州、洪清、龚渊、

1　武禀：武秀才。

2　具瞻：谓为众人所瞻望。语出《诗·小雅·节南山》："赫赫师尹，民具尔瞻。"毛传："具，俱；瞻，视。"郑玄笺："此言尹氏汝居三公之位，天下之民俱视汝之所为。"

3　借寇：《后汉书·寇恂传》载，恂曾为颍川太守，颇著政绩，后离任。建武七年，光武帝南征隗嚣，恂从行至颍川，百姓遮道谓光武曰："愿从陛下复借寇君一年。"后因以"借寇"为地方上挽留官吏的典故。

4　省略号：碑文缺失的部分。

5　花月：二月。

杨福□、杨魁、苏思、郑练、郑金、黄华、陈雄、陈彰、张港、李雄、蔡泉、潘长、李贵、陈善、潘温、陈温、卢迈众属。

文献来源：台湾"国立中央图书馆"馆藏"台湾碑碣拓片"。[1]

台湾海防同知洪一栋纪功碑及复制件（左侧台湾"中评社"图片）

1　按该碑现存台湾台南市西区金华路44段31号海安宫庙右空地，花岗岩材质，纵220公分，横94公分。因碑额部分残失，故失原题。今题由台湾"国立中央图书馆"所拟。馆藏碑碣说明："洪一栋，清康熙四十八年（西元1709年）任职台湾府海防同知，康熙五十六年（西元1717年）卒于任内。刘良璧《重修台湾府志》卷十五《名宦》记其政绩：'革除水口积弊，以利商人；豁除逃亡丁赋。值荒旱，多方设法运米，以活饥者，台民欣感。'本件碑记即系康熙五十六年二月勒立，海防衙署同仁追思长官，表达哀念，并颂功德。惜本碑碑额残失，不知原题为何。碑文亦因风化，未竟全文。又本碑与《台湾君侯蒋公去思碑记》同时出土。之前，此地先后出土《大郡伯守愚万公德政碑》《台湾郡城各项建设捐题碑记》等清代碑碣，得见南河港，接官亭石坊附近立碑示人的史实。"

台湾海防同知洪一栋纪功碑复制件（台湾"中评社"图片）

都督洪公家庙碑铭

罗暹春

乾隆三十三年月日，都督洪公家庙成，因故宅也。宅在应山县治东礼下街[1]，门向东。入门，由右，折而北，入堂。其庭有老槐，为都督少时手植。宅故壖[2]地，都督宦成归，筑室就槐，墙南立藩之，越今二百余年矣。庭东西厢者三，堂广若干步，修若干步，牓[3]曰"修延"。前阿重屋，分堂五之二，左右为夹室。堂后屏以墙，墙中央通以门，其后为楼者二。楼各以厢通。凡堂与楼，连簃[4]周遭之。

都督既没，传再世而国彰实为大宗[5]。于是其适子[6]成鼎来京师，语余曰："惟我都督能自效勤劳于家国，惠及我闾里，以大有造[7]于我子孙。都督其可无家庙。我祖卒于官。我父官福宁州，不一年，为前官偿库金六千，家日落无已，以命小子[8]。小子既无所

1　礼下街：今理学街。
2　壖：古同"堧"。江河或城郭边的土地。
3　牓：古同"榜"。匾额。
4　簃：与楼阁相连的小屋。
5　大宗：周代宗法体系中，以始祖的嫡长为大宗，其他为小宗。
6　适子：同"嫡子"。
7　有造：成就。
8　小子：自称的谦词。

试于时，末由光大我前人绪业，乃兹觍[1]焉。偃仰[2]于我都督宅，无已妥先灵禋祀[3]，小子罪悢[4]是惧。其以都督宅庙都督，请诸我父。父曰：'小子行之矣。'即修延堂中为都督位，悬遗像于龛，朝夕礼焉。祔[5]以我祖，以田六十五亩共祀事，唯大宗世守之。庶我子孙念前人之遗烈，日惟醒惕，保余庆于无穷，是成鼎之志也。今者庙成，而丽牲[6]之碑阙焉，敢请铭。"余既为都督传，述生平事至详。嘉成鼎之志，乃复叙次其语，而系以铭曰：

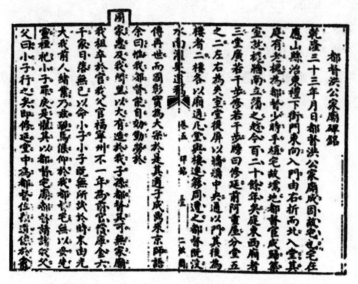

《水南灌叟遗稿》墨影（《清代诗文集汇编》影印本）

洪初处歙，迁于卢龙。自燕徂[7]楚，由留守终。终在汝南，近

1　觍：同"腼"。使感到羞愧。

2　偃仰：俯仰。

3　禋祀：洁身斋戒以祭祀。泛指祭祀。

4　罪悢：过失和悲伤。

5　祔：祭名。原指古代帝王在宗庙内将后死者神位附于先祖旁而祭祀。

6　丽牲：指古代祭祀时将所用的牲口系在石碑上。语出《礼记·祭义》："祭之日，君牵牲，穆答君，卿大夫序从。既入庙门，丽于碑。"后借指碑石。

7　徂：往，去。

即应山。乃葬乃家，有子大全。大全子谏，是生都督。弱龄避乱，贼锋俄触。脱父于贼，贼莫敢逐。行达九江，应军之募。廿三人偕，旋皆叛去。公忠不二，以守以御。以战则克，百不一北。活惟我民，杀者其贼。在官德民，老德我里。里役之征，会敛无纪。需百科千，里胥嗥[1]门。更无子卖，民乃逃田。公请于官，定均摊法。役唯准田，金于官纳。以金应役，官无浮入。公德不朽，尸祝[2]何有。有庙维新，再世而后。匪庙伊新，即宅之旧。宅旧宅身，庙新宅神。神其来格[3]，福汝孝孙。

典肃高古。柯禹峰

笔端有紫血痕，行间有赤电光，便是都督公奕奕有生气。吴云衣

文献来源：《水南灌叟遗稿》卷五。

1　嗥：吼叫。
2　尸祝：祭祀时主读祝文的人。语出《庄子·逍遥游》："庖人虽不治庖，尸祝不越樽俎而代之矣。"
3　来格：来临。格，至，来。

辑六 文选

洪起元功臣府事文录

洪氏统谱序

洪起元

　　嗣孙起元考古卜[1]世卜年，子孙亿万莫过于周，然自后稷[2]诞祥，其源长发，乃迁邠[3]，迁岐[4]，迁镐[5]，迁丰[6]。可考者稽之，不可考者逸之。非逸之也，惧失实也。所以周公制礼，追王上祀，止及太王[7]、王季[8]，尊后稷以配天。即如高圉[9]、亚圉[10]，可稽者尚不悉存，矧[11]其不可稽者乎？起元今承简命[12]，协镇严郡，统会谱序，亦叙其知之最真而传之最实者，不敢远究其不可知而传之未必实者也。此亦周公所为，自天子达于诸侯大夫及于士庶人义也。

　　1　卜：推断。

　　2　后稷：周朝的先祖。相传姜原因践天帝迹而怀后稷，因初欲弃之，故取名曰弃。及长，帝尧举为农师；有功，遂封于邰，号曰后稷，别姓姬氏。见《史记·卷四·周本纪》。

　　3　邠：同"豳"。古代诸侯国名。周后稷的曾孙公刘由邰迁居于此，在今陕西彬县。

　　4　岐：古地名。陕西岐山县。

　　5　镐：西周的国都，在今陕西省长安西北。

　　6　丰：周国都名。在今陕西省西安市西南。

　　7　太王：周文王之祖古公亶父的尊号。周人本居豳，自古公始迁居岐山之下，定国号曰周，自此兴盛，故武王克殷，追尊为太王。

　　8　王季：人名。名季历，生卒年不详，周文王的父亲。兄泰伯、虞仲出奔荆蛮，让位于季。太王卒，立为公季，修太王之业，传位文王，武王时追尊为王季。

　　9　高圉：姬姓，公非之子。周部族首领，周王先祖。

　　10　亚圉：姬姓，高圉之子。周部族首领，周王先祖。

　　11　矧：况且，何况。

　　12　简命：简任；选派任命。

考始祖经纶公，实出自遂安木莲村绍公之裔，发祥于新安。绵绵瓜瓞[1]，棷[2]枝繁衍，如遂安、淳安、徽、歙、江东、新安，实同宗而共脉者。至经纶公二十五世孙讳讬，迁居永平府卢龙县，先朝封赠资政大夫，此为嗣孙起元之始祖矣。讬生应爵。应爵生荣仕，中嘉靖癸未进士，任河南汝南留守。其衣珮尚存，起元奉之如金玉。然自流寇乱变，攻破城池，杀戮殆尽。间有存者，流离播迁，咸如越人秦人之不可识。[3] 宗谱遗失，不敢讹载。但起元童年之时询诸祖母，问为谁之子孙，始知为留守公所自出，则诰赠留守公。应爵，实经纶公所出之二十六代孙也。留守公荣仕，为二十七代。荣仕生大全、大才，迁居湖广应山。今诰封光禄大夫、起元之祖大全，为二十八代。大全生建，今诰封光禄大夫，为二十九代。而起元同兄起明、弟起泰，为三十代。起元之子一栋，兄起明之子一楷、一桢、一标，弟起泰之子一枢、一桂，为三十一代。

总之，变乱已来，或被掳，或绝嗣，俱不可考，所知而闻于祖母者仅此五代之祖。而为从为堂，尚众且多，应照史阙文[4]之义，但书其知之实者之嫡派也。今遂安仁峰同宗庠生洪士祥[5]、士珍[6]、士英[7]、光祺[8]等，前来会谱合葺，诚甚美举，实获我心。庶几疏者

1　绵绵瓜瓞：语本《诗经·大雅·绵》："绵绵瓜瓞，民之初生，自土沮漆。"比喻子孙繁盛、传世久远。瓞：小瓜；绵绵：延续不断的样子。

2　棷：林木茂盛的样子。

3　此句：语本《歧路灯》："这公子赋性慷慨，原不是秦越肥瘠，不肯引手一救之人。"春秋时，秦国位于西北，越国居于东南，两国相距遥远。借以比喻关系疏远，互不关心。

4　史阙文：史书上阙而不书或已脱漏的文字。语出《论语·卫灵公》："吾犹及史之阙文也。"何晏集解引包咸曰："古之良史于书字有疑则阙之以待能者。"

5　洪士祥：按《严陵洪氏统宗谱》卷之七："士祥：字元履，号淡庵。邑（遂安）庠生，宾饮顶戴。生万历丙午十一月十二辰时。"

6　士珍：按《严陵洪氏统宗谱》卷之七："士珍：字席之。（严州）府庠生。生万历辛亥十月卅（卅）申时。"

7　士英：无考。

8　光祺：按《严陵洪氏统宗谱》卷之七："光祺：字万维。邑（遂安）庠生。生顺治乙未二月初四亥时。"

合，涣[1]者萃[2]，即凡同源析派，咸知尊祖敬宗，务为敦睦无间，俾后先光映乃尔[3]。

嗣孙起元谨熏沐书之于是，时大清康熙十九年岁次庚申季秋[4]月吉旦[5]。

文献来源：《严陵洪氏统宗谱》卷之首。[6]

《严陵洪氏统宗谱》书影（上海图书馆藏本）

1　涣：散开。

2　萃：聚集。

3　乃尔：如此。

4　季秋：秋季的最后一个月，农历九月。

5　吉旦：农历每月初一；亦泛指吉祥的日子。

6　按《上海图书馆馆藏家谱提要》："严陵洪氏统宗谱：十卷，尾一卷：（遂安、淳安）／（清）洪起元主修，（清）洪士祥等纂修；清康熙二十一年（1682）刻本；5册。始祖绍，世居丹阳，东晋元兴间迁居遂安木莲村。第五子纂，刘宋元嘉间为新始令，即后之淳安，遂家于邑之东乡厌村，子孙繁衍，分居散处。宋淳化初，纂公二十九世孙璋，由淳安复迁遂安岩峰。是为淳、遂两邑合修之统宗谱。淳、遂两邑，东晋南朝属新安郡，唐改睦州，南宋时称严州。卷一世序载历修谱序，卷二世谱、世宠载郡称辨、洪氏源流、谱考、历代显宦、制诰，卷三世系载迁徙图、统派、历代世系图、绍公总派，卷四、五淳安各支派世系，卷六、七遂安各支派世系，卷八至卷尾墓图、墓志、杂文等。馆藏：907297—301；又一部907293—96，4册。"第444页。

序

洪起元

　　去遂城北数里有山隆然，林木郁苍，烟户[1]秾密[2]。龙源仁峰，洪氏居之，称故家久矣。遂洪之始祖曰绍。公任吴兴、东阳二郡守，官至尚书门下侍郎，金紫光禄大夫，于东晋元兴年间徙迁本邑木连村。嗣公名纂，令始新。始新，古淳安也。以官为家，卜居东乡厌村，而杨岸，而银塘，所至族皆繁衍。阅三十世讳璋者，念遂安为南迁始基，复相原隰[3]而度流泉，择岩峰处焉。粤考余洪始祖，以水土功赐姓，居共城[4]。西汉迁炖煌[5]，历青[6]、齐[7]。而余祖自分迁孤竹[8]后，凡十有一代，乃官中洲[9]之留守司，家于其地。今余两

　　1　烟户：人户。《清会典·户部·尚书侍郎职掌五》："正天下之户籍，凡各省诸色人户，有司察其数而岁报于部，曰烟户。"

　　2　秾密：花木繁多茂密。秾，花木繁盛。

　　3　原隰：广大平坦和低洼潮湿的地方。

　　4　共城：在今河南省辉县。诸侯共伯和所居。按安徽婺源轮溪《敦煌郡洪氏通宗谱》卷一洪范《敦煌共洪氏世系传》云："周厉王末，共伯和摄天子事，诸侯多往依之。和遂弃国而隐，访道于洪崖，炼鼎共山之首。后有共氏女获遗丹，吞之，孕而生老君焉。故《太行经》云：'老子托胎洪氏。'谓鸿蒙结气始于洪崖也。"

　　5　炖煌：地名。为甘肃省四大绿洲之一。我国古代的丝绸经此西运，是丝路上的重要据点。今甘新铁路经此，地位重要。也称为"敦煌"。下同。

　　6　青：古州名。《禹贡》九州之一。在今山东省及辽宁省辽河以东。

　　7　齐：周代诸侯国名，疆域在今山东省北部、东部和河北省的东南部。

　　8　孤竹：商周时国名。在今河北省卢龙县。

　　9　洲：古同"州"。

世居楚乐安，代远年组[1]，几见蓬莱清浅[2]，犹幸散处九野者多硕大且朋也。秋仲，余摄师来遂，获两睹宗谱，一为锦溪桂林，一为龙源仁峰。合二谱而订之，溯渊源之自，稽宗泒之由，皆出绍公苗裔。余宗自共城外无二洪，岂仁峰与桂林有岐宗哉？所当合而谱之也。

诗书奕叶[3]，礼乐云仍[4]，知相颉颃[5]无愧矣。居亲地迩[6]，响应声闻，请以一言联双璧之辉可乎！是为序。

康熙十四年岁次乙卯菊月[7]，镇守浙江严州等处地方都督同知加二级起元拜撰。

文献来源：《严陵洪氏统宗谱》卷之首

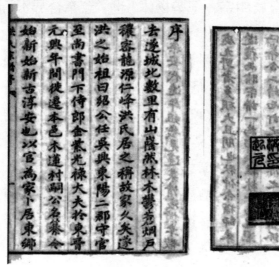

《严陵洪氏统宗谱》书影（上海图书馆藏本）

---

1 年组：指年代久远。

2 蓬莱清浅：犹神仙境界。

3 奕叶：累世，代代。

4 云仍：沿袭；因袭。

5 颉颃：不相上下，相抗衡。

6 迩：近。

7 菊月：菊花正值开放的月，即农历九月。

淳安锦溪谱序

洪起元

　　氏之有谱，所以合族纠宗，纪盛扬休[1]也。若牵合异泒而强为联络，考核无凭而漫行修辑，何贵谱为哉？独余洪姓共城外无二宗，乃自西漠迁炖煌，屡迁临淄，爰称鼎望。历晋唐宋元明以来，下邳[2]、辽阳之间，亦代不乏人。而余祖由炖煌岐泒永平，阅十有一世，官中州，因家焉。今余两代寓楚之乐安，虽经播越，班班可考。其他分枝，衍泒于吴楚闽越者，莫可胜纪。至通籍东南，最盛于浙，而绍公、纂公实开始于遂淳。淳之锦溪，其咏椒聊[3]，远条者也。兹览所订宗谱，簪缨阀阅，瓜绵瓞引，奕叶几数十世。虽年来绪未滋茂，而户口犹繁，英耆[4]不乏，远追青紫[5]之遗踪，近嗣科名之芳躅[6]。岂忧夫醴泉[7]之无源，芝草之不再茁乎？相与揆文奋武[8]，课

1　扬休：亦作"休扬"。犹言显扬。

2　下邳：古郡名。在今江苏省睢宁北。

3　椒聊：椒聊为木名，多子且香。比喻子孙众多。《诗·唐风·椒聊》："椒聊之实，蕃衍盈升。"毛传："椒聊，椒也。"朱熹集传："聊，语助也。"

4　英耆：高年硕德者之称。

5　青紫：绑在官印上的青绶、紫绶。比喻高官贵爵。

6　芳躅：前贤名流的遗迹。

7　醴泉：甘泉。

8　揆文奋武：施行文教，振奋武事。语出《书·禹贡》："五百里绥服；三百里揆文教；二百里奋武卫。"孔传："揆，度也。度王者文教而行之。"

读劝农，诗书以为剑珮，仁义以作干城[1]。里号鸣珂[2]，门称通德，亦余秉旄[3]建牙[4]之一助也。

康熙十四年岁次乙卯菊月，镇守浙江严州府等处地方都督同知起元拜撰。

文献来源：《严陵洪氏统宗谱》卷之一。

《严陵洪氏统宗谱》书影（上海图书馆藏本）

1　干城：指能御敌而尽保卫责任的人。
2　鸣珂：指居高位。
3　秉旄：持握旌旗。借指掌握兵权。
4　建牙：古谓出师前树立军旗。引申指武臣出镇。

玉泉洪氏谱序

洪起元

玉泉之洪，其来久矣。自双峰[1]公从康塘析居，再传而生积公[2]，登永乐癸卯[3]贤书[4]，仕于闽泉之南安，遂家焉。硕大蕃衍，泉南称望族，簪缨印绶[5]，迄今累累若若[6]也。夫源远者其流长，膏茂者其光耀。闽之洪既由于遂，则遂之洪宜甲于闽。但时有替隆[7]，运有升降，非尽人事，亦天道或然耳。余专阃[8]严陵，驻节遂安。洪氏之以谱进者，有仁峰、锦溪两族，余皆序之。至是而仁龙[9]等乃以玉泉之谱具，称子孙虽微，何敢泯没夫祖宗。阅之，不禁三叹曰："有志哉！仁龙等之不忘其祖也。"盖物不全盛，亦鲜久衰，人

1　双峰：按《严陵洪氏统宗谱》卷之七："六六，号双峰。"

2　积公：按《严陵洪氏统宗谱》卷之七："正积，庠名洪积，登永乐癸卯科乡进士，任福建泉州府南安县教谕。"

3　永乐癸卯：即永乐二十一年，1423 年。

4　贤书：语本《周礼·地官·乡大夫》："乡老及乡大夫群吏献贤能之书于王。"贤能之书，谓举荐贤能的名录，后因以"贤书"指考试中试的名榜。

5　印绶：旧时称印信和系印的绶带。

6　累累若若：《汉书·佞幸传·石显》："民歌之曰：'牢邪石邪，五鹿客邪！印何累累，绶若若邪！'言其兼官据势也。"

7　替隆：亦作"隆替"。兴衰。

8　专阃：专主京城以外的权事。语本《史记·张释之冯唐列传》："臣闻上古王者之遣将也，跪而推毂曰：'阃以内者，寡人制之；阃以外者，将军制之。'"裴骃集解引韦昭曰："此郭门之阃也。门中橛曰阃。"后称将帅在外统军为"专阃"。

9　仁龙：无考。

定可以胜天，身修可以立命。且芝草无根，醴酒[1]无源。况积公根源具在，衣虽未染乎柳汁，[2] 袖固已飘乎桂香。[3] 前踪未远，后躅可进。尚其务本立业，课子训孙，敦诗书而说礼乐，安在门第之不可重振，衣冠之不可复覩[4]哉？尔等勉之，其即以余言为券[5]也。

康熙岁次乙卯迎长日[6]，镇守浙江严州等处地方都督同知加二级起元拜撰。

文献来源：《严陵洪氏统宗谱》卷之一。

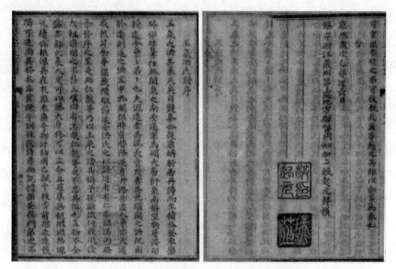

《严陵洪氏统宗谱》书影（上海图书馆藏本）

1　醴酒：甜酒。

2　此句：典出唐冯贽《云仙杂记》卷一录《三峰集·柳神九烈君》："李固言未第前，行古柳下，闻有弹指声，固言局之，应曰：'吾柳神九烈君，已用柳汁染子衣矣，科第无疑。果得蓝袍，当以枣糕祠我。'固言许之。未几状元及第。"

3　此句：犹言折桂。喻指科举及第。

4　覩：古同"睹"。

5　券：止。

6　长日：指夏至。夏至白昼最长，故称。《礼记·郊特牲》："郊之祭也，迎长日之至也，"郑玄注："此言迎长日者，建卯而昼夜分，分而日长也。"孔颖达疏："迎长日之至也者，明郊祭用夏正建寅之月，意以二月建卯，春分后日长，今正月建寅，郊祭通而迎此长日之将至。"

禁革里役碑文

洪起元

国家有所取于民，而民乐为输者，正额之赋税是也。乃无所取于民，而民疲于命者，杂项之征求是也。国朝定鼎之初，应递冲繁，民方危惧，官吏藉口重取于民，亦权宜之术，则可耳。何期[1]粮一石而派至十余金之费。迨行至一年，曰民乐输，行之二年，曰民乐输，久之积渐成例，年增其额。夫有加无已，岂曰乐输？盖捶楚[2]之下，何求不得。乃堂之上曰例，堂之下亦曰例，包揽之徒招摇于外者，亦复曰例。此例一成，见倾家荡产者无算也，见卖男贴妇者无算也。一临大差，力不能支，见忧惶无策、离乡轻家者无算也。而且人逃矣，籍存累及，田荒矣，粮存累及。见热则勒同甲包赔、姻娅代赔者，亦复无算也。呜呼！势已至此，茕茕孑遗[3]，呼天无路，吁地无门。

所以顺治十五年，致有邑庠和润之条陈，大差热甲，石粮公费银三十余两。嗟此小民，力已竭矣，脂膏骨髓已枯矣，捐亲戚，弃庐墓，已不啻[4]六七矣，又何从出此？况包揽之徒狐假虎威，渐而

1　何期：岂料。表示出乎意料之外，没有想到。

2　捶楚：一种用木杖鞭打的古代刑罚。也作"棰楚"、"箠楚"。

3　茕茕孑遗：孤独无依靠的遗民。茕茕，孤独无依的样子。孑遗，残留，独存。

4　不啻：不止，不仅。

摇动，日加增也。哀哀鸿雁，鳏寡[1]可矜[2]。故康熙八年初夏间，合邑文武绅衿[3]，有正供一钱派银数两，可畏豪强包揽，狼贪无厌。可怜之词云云[4]，控于各上台也。蒙大中丞抚台林公[5]痛惩弊害，哀矜民命，严批臬台阎公[6]："一切禁革，当荷覆详[7]，听从民便。遵行官征官解，不用里长经承，不[8]当大差。"惟我父母周公[9]酌其权宜，实意举行。若是则父母不忍居一分之利，非所以除小民万分之害乎已。行数年，百姓渐渐乐业。不料周公因驿站罣误[10]，后接任者听信包揽钱粮小人之言，欲行大差之举，天已鉴之。后继任者仍听包揽钱粮小人之言，不遵官征官解之旨，立行大差。百姓难当，以致民人竖旗，书写"民穷财尽，辞天逃命"，聚众哓哓[11]不已。本府傅公祖[12]闻知，即蒙单骑星夜至此，巡谕解散。不至于流离者，皆赖傅公祖之恩。闻巡抚部员张公[13]飞章[14]上闻，摘印解任者，乃十

---

1 鳏寡：年老而失去配偶的人。泛指孤独无助的人。

2 可矜：可怜。矜，怜惜、怜悯。

3 绅衿：地方上退休的官员和士子。泛称地方上有声望的人。

4 云云：亦作"芸芸"。众多的样子。

5 林公：无考。

6 阎公：无考。臬台：旧时对按察使的敬称。

7 覆详：并请示报告。详，旧时下级将案情向上级请示报告的公文。

8 不：府志本误作"木"。文征本改作"来"。

9 周公：应山知县周祜。按同治《应山县志》卷首《原修邑志姓氏》纂修条："应山知县周祜，（字）叔子，北直庆都人，（康熙）戊子进士。"又该志卷十《历代职官》知县："周祜，庆都人。举人。康熙七年任。"

10 罣误：因事受蒙蔽而犯了过失。也作"絓误"、"诖误"。

11 哓哓：吵嚷，唠叨。

12 傅公祖：德安知府傅鹤祥。公祖，旧日士绅对巡抚、按察司、道台、知府等本地长官的称谓。按光绪《德安府志》卷之十《职官下·列传》："傅鹤祥，河南荫生。康熙十七年任德安知府。莅邾（德安府）八载，洞悉民隐。兴文教，督垦辟，葺城垣，弭奸究。持体宽大，蠲除烦苛。二十四年，创修府志，俾后世文献有征，其功尤伟。"

13 张公：张长庚。按民国《湖北通志》卷百十五《职官九》顺治十二年条："张长庚，辽东人，湖广巡抚。有传。"又顺治十七年条："张长庚，再见。总督湖广。"其传，参见该志卷百二十一《职官十五》张长庚条。

14 飞章：报告急变或急事的奏章。

八年之事也。

二十年[1]，邑人在京候选同知，谒见新任邑侯任公[2]，云"应邑惟有大差一节，苦累于民"云云。后任公来任，有本邑即选知县卢，候选训导闵，儒学廪、增、附生员程雷等，里民卢黄、王乐华等接见，公呈《为恩复均摊以苏民困事》："照康熙八年，合邑文武绅衿呈巡抚部院林公革去里役，遵照官征官解之旨，并酌安上全下之宜"云云。蒙邑侯任公欣然出示晓谕[3]：

为一禁外帮之害，以出民于水火事。照得里递之设，现年催一图[4]之钱粮，排年[5]管一甲之完欠。此用以征办赋税，句摄[6]公务，非令其供充蠹[7]腹，代役房科为也。惟应山不然，各图岁输，里役当差，事无大小，皆取于数人之身。除排夫口粮、中火歇火[8]、修造安设、起解银米外，签点经承有费，叩见官府有费，保正有费，册书上房有费，八房三班[9]有费。请酒铺堂[10]，种种勒索，俱号外帮。每米一石，动辄费银二三十两不等。以致一逢热欠[11]，富者贫，贫者逃，载途鸠鹄[12]，满路悲号，鬻[13]女卖男，伤心惨目。嗟嗟[14]！凡尔永阳[15]之民，生同时，住

1　文征本脱"年"字。

2　任公：即应山知县任启元。参见前文注释。

3　晓谕：指敦劝的文告。

4　图：明清时地方区划名。顾炎武《日知录》引《萧山县志》："改乡为都，改里为图。"

5　排年：古代称里甲轮流值年当差。亦指轮流当差的人。

6　句摄：拘捕罪犯。句，同"勾"。

7　蠹：蛀虫。

8　中火歇火：犹火耗。指州县政府为弥补铸币损耗而征收的附加税。

9　八房三班：旧日州县衙门中吏役的总称。明制，三班是衙役。分为皂班，掌看守牢狱；壮班，掌召捕；快班，掌侦缉。六房是文书吏，分为吏、户、礼、兵、刑、工（对应中央六部）。清承明制，后又增仓房、发房（即承发房，大致相当于立案庭），合称"八房三班"。

10　铺堂：亦作"铺班"，指旧时官府差役向犯人索取贿赂而定的陋规。

11　热欠：此处指集中清偿欠税之时。

12　鸠鹄：指久饥枯瘦的人。

13　鬻：卖。

14　嗟嗟：表悲叹的语气词。

15　永阳：应山县旧称。按同治《应山县志》卷二《沿革》："（南朝）刘宋为永阳县地。"

同乡，地土相连，房屋相接，鸡犬相闻，燕会[1]相见。其间亲疏远近不同，实与一家人无异。何乃弱肉强食，自为戕贼[2]，一至此也？理合禁革，为此，示仰县属人等知悉。自示之后，除本年条饷银、南漕[3]经承等项，已经前令点定，照暂行数月外，其他起解获批委职官[4]，中火歇火用礼房，夫马秣豆[5]用兵房，修理安置用工房，收银登记用册书。一切外帮名色，从六月朔日[6]为始，尽行革除。此非本县专为里民除害也，众怒难犯，天网莫逃，罪恶贯盈者，必至身家立破。彼恪守法度，省人金钱，全人生命，一身既免谴责之加，子孙自食忠厚之报。今日本县外帮之革，其所以爱百姓，亦即所以保全衙役耳。敢有秽肠不涤，贪心难化，指称常规，觊不可得之利，干必不赦之条，许各被害据实具禀以闻。须至告示者。

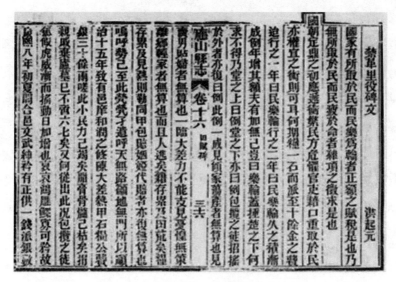

同治《应山县志》墨影（《中国地方志集成》影印本）

---

1 燕会：宴饮会聚。

2 戕贼：残害。

3 南漕：明清时从江苏、浙江等南方数省征集并由水道运至京师的粮食。

4 官：文征本误作"宫"。

5 秣豆：喂牛马的谷粟等饲料。

6 朔日：阴历每月初一日。

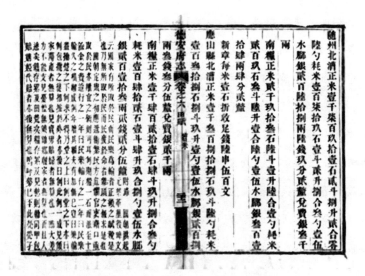

光绪《德安府志》书影（国家图书馆藏本）

我邑侯任公为国爱民，实心举行官征官解，矢心[1]无二。数十年百姓大差困苦积弊，一朝己[2]除。莅任六载之内，应邑士农工商，各得落业，城市乡村添盖房屋，各理窝巢。人民安享欢呼，歌颂官清民安，得有太平之庆，阖[3]邑人民皆享任公之福也。公操守清廉，事实尚未书及。

二十三年，大中丞总督部堂徐公[4]下车，蒙通行禁革全省积弊，苏通民困，兴利除害。楚省数十年民间困苦积成一座冰山，今逢日照，化为半盃[5]雪水，真乃福星入楚也！我大中丞总督部堂徐[6]、巡抚部院石公[7]、邑侯任公，遵行官征官解之旨，革除甲长经承大差

---

1 矢心：陈示衷心。

2 己：文征本误作"已"。己，借作"给"。

3 阖：同"合"。全，总共。

4 徐公：徐国相。按民国《湖北通志》卷百十五《职官九》康熙二十三年条："徐国相，广宁人，总督湖广。《汉名臣传》作'涂国相。'"

5 盃：同"杯"。

6 "徐"后疑脱"公"字。

7 石公：石琳。按民国《湖北通志》卷百十五《职官九》康熙二十二年条："石琳，再见。"又康熙十三年条："石琳，分守下荆南道。有传。"其传，参见该志卷百二十一《职官十五》石琳条。

陋规，不累百姓，永为定例。人民亦无逃散，田地不致荒[1]芜，小民无卖男鬻女赔累之苦。公为国爱民，造福于地方，行阴德留于子孙，昌达其后，真千百世不朽矣！是碑之勒，非所以为公誉也，将使继公而来兹土者，知用里长[2]之害，去里长之利，假此以作炯鉴[3]焉。

康熙二十六年岁次丁卯孟夏[4]月二十日撰。

阖邑文武绅衿士庶人等立。[5]

文献来源：同治《应山县志》卷十六。

参考文献：光绪《德安府志》卷之六；[6]《湖北文征》全本第七卷。[7]

1　文征本"荒"字后脱"芜"字。

2　里长：亦作"里正"。职官名。古时乡里小吏，负责掌管户口、赋役等事。北齐、隋、唐皆置之，宋、元沿用。明始专称里长。

3　炯鉴：昭明显著的鉴戒。

4　孟夏：夏季第一个月。即阴历四月。

5　"康熙二十六年岁次丁卯孟夏月二十日撰"等二十八字，府志本、文征本均无。

6　注释中简称府志本。

7　注释中简称文征本。

仁峰十景引

洪一栋

　　辛酉[1]仲春，得藉省亲之假，时家严[2]久镇睦陵[3]遂安。吾宗仁峰祠修集家谱，家严亦与事焉，命余往视，得日与宗翁进之[4]、占先[5]、子度[6]、子超[7]、惟亨[8]、万维[9]、礼成[10]诸子游。或登高眺远，临溪清赏，见山起高峻，巍巍苍松者为仁峰也。诸子携壶登临，步五里许，夷[11]而广者百余丈。有池三，名曰天池，清莲相映，迅流湍激，泻为瀑布，若从天下。不数武[12]有仙坪、仙井，亦不测，

　　1　辛酉：康熙二十年，1681 年。

　　2　家严：称谓。对人称自己的父亲。

　　3　睦陵：睦州和严陵，两者都是严州府的旧称。

　　4　进之：洪士益。见前文《序》注。

　　5　占先：洪士梅。按《严陵洪氏统宗谱》卷之七："士梅，字占先。生顺治己丑年十二月十二日辰时。"

　　6　子度：洪伟祯。按《严陵洪氏统宗谱》卷之尾："伟祯，字子度。"初为邑中佐员，后随洪起元从征。

　　7　子超：洪卓人。按《严陵洪氏统宗谱》卷之尾："卓人，字子超。"

　　8　惟亨：洪启蒙。按《严陵洪氏统宗谱》卷之七："启蒙，号惟亨。少年诚实，医术精明。生于顺治丁酉九月十七戌时。"

　　9　万维：洪光祺。见前文《序》注。

　　10　礼成：洪光裕。按《严陵洪氏统宗谱》卷之尾："光裕，又名儒，字礼成。"

　　11　夷：平坦。

　　12　武：半步。古代六尺为步，半步为武。

为代之仙踪尔。诸子曰："凭高眺望，可趺坐[1]共酌矣。"前则义峰鼎峙，左有婺峰俨如插天，右为岩峰屏若玉列，下则龙水环绕有文昌阁。又山巍峨巉峭[2]，术士谓罗星上建太乙亭。山水之灵聚为一区，诚吾宗村落中奇观也。更呼更酌，又不知山水笑我否。留连竟日[3]，林乱鸟声，路稀人影矣。各归拈数咏，以志十景云。

文献来源：《严陵洪氏统宗谱》卷之尾。[4]

《严陵洪氏统宗谱》书影（上海图书馆藏本）

1　趺坐：两脚盘腿打坐。

2　巉峭：山势险峻陡峭。

3　竟日：整天。

4　撰者署"一栋，谨志。""一栋"下注"字硕庵"。按《严陵洪氏统宗谱》卷之尾，仁峰十景是指："仁壁呈祥、义峰钟秀、岩山胜境、婺谷奎光、高巅四沼、龙源千浙、仙人坪井、石堑飞泉、水口桥亭、文昌台阁。"

垦给示

洪一栋

　　福建台湾海防总捕分府[1]加一级功加二级余功四次洪，为凛遵[2]宪断，垦给示谕事。本年十一月二十六日，蒙本道加四级记录十四次梁[3]批：据寡妇王氏，孤民黄赏、黄惠等状呈前事，词称：痛氏遵断阄得打廉庄[4]租，自二十九年给垦，四十三年开垦，五十年报课，户名黄元。缘与番[5]接壤，迨五十二年与番定界，分圳[6]南、圳北，立有合约。圳

1　分府：旧时知府下面的同知。

2　凛遵：严格遵循。

3　梁：梁文科。按康熙《重修台湾府志》卷三《秩官志·监司》分巡台夏道条："梁文科，正白旗。乙卯举人。由福建粮驿道调补，康熙五十四年任。善政多端，尊贤养士，杜绝苞苴，弭盗安民，厘蠹剔弊，开圳平途，施药医病。捐俸添建万寿龙亭，起盖龙王、田祖二庙，不费民间一芥。康熙五十七年，奉旨特升广东按察司使。民怀其德，诵德歌功，为祀禄位牌于田祖庙。事实具载'去思碑'。"

4　打廉庄：康熙时属诸罗县大武郡保。雍正元年增置彰化，拨属彰化县马芝遴保。今属彰化县二水乡埔心。'

5　番：指未经汉化的少数民族。在清代台湾地区指未纳税、未服劳役、未受汉人教化的原住民族。

6　圳：闽粤方言。指灌溉用的水渠。

北纳国课[1]，圳南贴番粟，又有赎约[2]。不料伯黄仕卿[3]藐法抗断，兜留垦单合约，唆佃阻租，不容管业。经控告，蒙仁恩照原断造册钤印[4]。但伯现系社商[5]，众番不敢违社商之命，听其呼唤，扰庄阻佃，孤寡遭害难堪。叩乞大老爷恩准示谕，俾垦熟庄佃安业纳租，无致违抗。其未开垦者得以招集筑圳开垦，毋致棍蠹[6]阻挠，国课、番饷[7]两全无害。孤寡庶得照断掌业，恩光万代。等情[8]。

蒙批："仰海防厅查明给示"。蒙此，合行示谕。为此，示仰番民各佃人等知悉。凡王氏阄分所得打廉庄地，其垦成者务宜认佃输纳王氏租课，不得听唆抗违；未开垦者亦听王氏招佃，填筑水圳开垦，毋许棍蠹唆番扰害，阻挠课粒。其圳南所赎之地，各番众各宜安心听王氏至期照原议贴纳，四十年之后仍归尔番，亦不得藉端生事。如敢故违，许即指名赴本分府衙门禀究，以凭详宪[9]重处，决不轻恕。各宜凛遵，毋忽。特示。

康熙五十年十一月　日给，发行廉庄张挂晓谕。

文献来源：《清代台湾大租调查书》。[10]

1　国课：犹国赋。国家规定的赋税。

2　赎约：租佃契约。

3　黄仕卿：广东潮州府饶平县人。康熙中末期入垦今彰化埔心，凿"十五庄圳"，与施世榜所凿施厝圳，合称八堡圳，灌溉彰化平原。按道光《彰化县志》卷二《规制志·水利》："十五庄圳，在大武郡保。康熙六十年，义民黄仕卿筑。"此后，黄仕卿与施世榜均袝祀二水乡林先生庙。

4　钤印：盖印。

5　社商：旧时充任台湾高山族与汉族贸易往来的中间商。按道光《彰化县志》卷九《风俗志·番俗·杂俗》："赎社亦起自荷兰。就官承饷曰社商，亦曰头家。"

6　棍蠹：无赖汉。

7　番饷：按道光《彰化县志》卷六《田赋志·户口（番丁番饷附）》："乾隆二年，诏曰：'闻台地番黎大小，计九十六社，有每年输纳之项，名曰番饷。'"

8　等情：旧时公文、文契用语。常用于叙述下级机关等的来文终了时。

9　详宪：以公文向上司申报。

10　原文无题，编者所加。

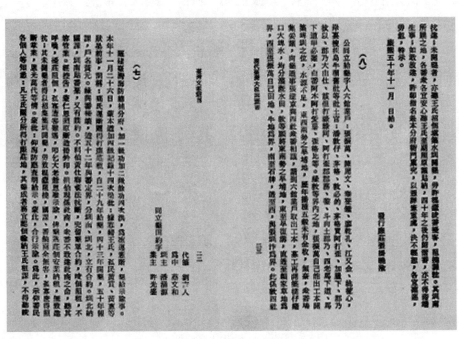

《清代台湾大租调查书》书影

默野僧传

洪成鼎

默野僧者何志？异人也。何异？有人之形，无人之情，而无名者也。究莫知其何如人也，故异也。然则恶乎[1]僧？类乎僧，故僧之。恶乎野？不屋栖，不茆蓬[2]，石穴古墓、藜藿[3]荆丛之是居，狼鹿狐豕鼯鼬[4]之与游，无所在而无所不在，故野之。恶乎默？能言不肯言。而或偶一言，如吹剑首[5]，映然[6]而已，以是知非喑哑也。言而不言也，故默也。无可名而强名之，则曰默野僧云尔。默野僧之名，盖自悔翁始也。

初默野僧之来内江圣水寺[7]也，才若二十余岁人耳。蓬头草履破衲，身外无一物。如丐不乞，如颠不狂。止山门坐地，闻之不答，

1　恶乎：疑问代词。犹言何所。亦作"恶呼"。

2　茆：通"茅"。

3　藜藿：一般百姓所吃的野菜。

4　鼯鼬：指鼯鼠与鼬鼠一类动物。

5　吹剑首：吹剑环头上的小孔，发音微弱而不动听。

6　映然：声音微弱貌。

7　圣水寺：按光绪《资州直隶州志》卷十八《舆地志·寺观》内江县条："圣水寺：在县西十里。宋咸淳时建。《名胜志》：'绍兴庚申，水观禅师所创。'"

呵之不去。食之则食，不食则不食。如是三日。老僧可拙[1]者修行禅宿也，见而异之曰："此可怜人。大众毋呵叱，善视之。"默野僧见此寺之容己也，依附焉。日则随处行游，夜则随壁倚坐。安以寮不宿，与以衣不着。不随班，不妄作。若有知，若无知。瞳然[2]而往，瞳然而来而已矣。来渐习，老僧见其蓬发中虱蠕蠕，谓曰："盍剃诸?"野僧首肯，遂剃之，居然一僧矣。

光绪《资州直隶州志》书影（国家图书馆藏本）

每见寺僧作务，若负薪锄园、耘田担谷等事，默野僧偶亦随众杂作，作则皆有条理。且力健，每作常兼人[3]。而目最明，丝毫即见，耳最聪，细语即闻。众悦之。然任其乘兴自作，则穷日夕不倦。若一令之作，辄掉头弗顾昂然去。一夕监事预告大众明当伐薪，默

1　可拙：按光绪《资州直隶州志》卷十八《人物志·仙释》引《内江县志》："可拙：江南溧阳人。幼慕禅教，好读《金刚》《楞严》《大乘》等经，若有所得，遂弃家遍游名山。康熙间至内江主持圣水时，兵燹后寺半毁圮，拙力为重修，遂为东南名刹第一。接引缁流，指示不倦，得其教者，咸达宗旨。年七十八，端坐而寂。"

2　瞳然：无知的样子。

3　兼人：一人任二人的事，胜过他人。

野僧未之知也。质明[1]大众上山，则薪樵[2]纵横遍山谷。寻之，则默野僧持斧尚丁丁不休。众喜且骇，恐伐过当，夺其斧。齐捆束，荷担归，尽合寺四五十众一日之力，运其一夜，所析未尽也。自是众始异之。

先是春夏之交久不雨，秧苗匝月勃勃然，高田无水不得栽。默野僧一夜忽尽拔秧，作数百束，散置各田中。僧众晨起，见之而让[3]曰："田尽旱，拔秧秧槁，奈何?"默野僧笑且走。是夕星月皎皎，夜半后忽大雷雨，水深二尺，田尽满。诘旦[4]橐[5]鼓四起，所拔秧尽得栽。栽次，默野僧欻然[6]来，且助众栽。其整齐匀疾，老农不若。有邻田工少，栽才半，秧头累积田间。明旦起，视其水田十余亩秧遍栽，狂喜雀跃，诧以为神明，则默野僧一夕戏也。自是人益异之，以其所至为快。争馈以钱弃不取，争拜以礼略不顾，遂竟以神仙呼之，默野僧殊夷然不屑也。

岁偶旱，祷雨不应。蹴问之，不听。以纸笔请判，不听。固请，则以笔抹三条掷笔去。迟三日，竟得雨。前邑令赵侯闻而慕之，邀之见，不得。一日忽自诣署，令喜出迎揖之。默野僧瞠目[7]不为礼，直入中庭，徘徊四顾，旁若无人。令见其纳破甚，命新衣衣之，其破衲坚不肯脱，左右强以新衣蒙衲上。野僧笑而出，即弃去新衣，披破衲如故。或游市城，或走村曲[8]，从不入人家，亦不妄动人一物，以故所至远近无厌恶者。意所至则至，不欲至虽数人强挽之，

---

1 质明：天大亮时。
2 薪樵：柴木。
3 让：责备。
4 诘旦：明朝，翌晨。也作"诘朝"、"诘晨"。
5 橐：收藏盔甲、弓箭的囊袋。
6 欻然：忽然。亦作"歘然"。
7 瞠目：睁大眼睛。形容愤怒、惊讶、无奈的样子。
8 曲：偏僻的小地方。

一挣即脱去，去则莞尔笑。即遭众搅扰围阻，从无怒容嗔色。或以钱强缀之破纳上，则步行铮铮然，沿途坠遗，见儿辈争拾辄大笑。

每来寺中，兴之所至则随事共作，不则危坐不动亦不食。或数日不一至，或一日数数至。偶欲食则不择生熟净秽，若生豆渣或噉之至饱。生芋最棘喉，稍不熟不可食。默野僧每拔生芋置火中略一炮，辄啖之若蜜。白汁湩湩[1]，他人舐之，舌涩不缩矣。他若圈箕织席捆屦，编筐筥[2]箩畚[3]诸器，凡人所作，见辄能作。虽粗朴，俱可用，然非自欲作不能强也。尝拾棉花满筐，手撕去子，自出己意。曲竹为弓而弹，弹则成绒。排竹成车而纺，纺则成线。复以两竹作机作综作篾作扣作梭，皆不类世所用，而莫不适其用。积十数日织布成疋[4]，长二三丈，阔近尺，虽疏而韧。欣欣然自裁剪以补其破裤破纳，日夜不休。余布任取去，亦不复惜。然亦偶一为之，不频为之也。其无师之智而能创器制物，大率类此。

平居无定所，觅之了不可得，不觅则忽然至。不就本寺宿，亦不就他寺庙宿。若疾风雷雨，不知所之。雨后踪迹之，或偃卧古石榻以髑髅[5]作枕，或坐慈竹林内摘芭蕉叶盖顶，任雨淋漓，尚鼾鼾睡未醒。破纳湿透不即脱，待晴立日中曝干之，渡河湿亦然。然二十余年来，此一破纳冬夏未尝易，亦未尝见其一日冒风寒卧疾呻吟也。

圣水住持僧圣三谦[6]者，今年七十六矣，前老僧可拙之徒也，亲见默野僧之来。因悔翁备询之，故历历道其大概如是。噫嘻！

1　湩湩：流淌貌。

2　筥：盛米饭的圆形竹器。

3　畚：用草绳或竹片编成的盛土器具。

4　疋：同"匹"。

5　髑髅：死人的头骨。也称为"骷髅"。

6　三谦：按光绪《资州直隶州志》卷十八《人物志·仙释》："三谦：可拙弟子，长沙李氏子。幼习儒书。康熙五十八年祝发于内江之圣水寺，潜心静悟，遂得可拙心印，前后主方丈六年。"

异矣。

悔翁以乾隆甲午六月客内江，游圣水寺，寻野僧不遇。中元日复至圣水，亟问野僧，未至。有顷[1]行童报曰："神仙来矣。厨廊吃斋矣。"悔翁趋视，时酷暑，默野僧则头顶破絮帽，身披破布纳，丝丝若蓑，虽破而洁，若不时浆洗者。迫视之，累七八重相连缀层叠，厚寸许，茸茸如重裘。然以绳束腰，嗷[2]饭饮茶，微汗津津，晏如[3]也。悔翁方手握蒲葵以风送之，视而笑。与之扇弗接，频问之若罔闻。饭毕周行廊庑间，折旋有态，翔步从容，若游泳其中之所得者。悔翁步步随觑，细观其所为。至茶室，以勺挹[4]茶，满碗而饮，对悔翁曰"吃茶"两字而止。复以手拈茶中大叶一片，笑与悔翁。悔翁接尝，而不解其故意者。其以清淡之味示乎？或赵州[5]旨耶？未可知也。谛视[6]其貌类老猿，清癯[7]无须，年仅若四十余。无他异，唯双颧隆然插鬓，耳过高胸近寸。当盛暑而破纳中绝无半星汗秽气，是故有异于人也。与纸笔索其书，但以笔宛转调墨砚上，若有所思。随草数字于砚，旋草旋抹，不可辨。其运笔奏腕非不能书者，而终不肯书，亦犹之乎能言而终不言也。坐对半晌，徘徊移时，忽而一笑，彷徉[8]从后径入山，飘然而去。噫嘻！异矣。

1　有顷：不久，一会儿。

2　嗷：同"啖"。

3　晏如：悠闲安适的样子。

4　挹：舀取。

5　赵州：相传赵州（唐代高僧从谂的代称）曾问新到的和尚："曾到此间？"和尚说："曾到。"赵州说："吃茶去。"又问另一个和尚，和尚说："不曾到。"赵州说："吃茶去。"院主听到后问："为甚曾到也云吃茶去，不曾到也云吃茶去？"赵州呼院主，院主应诺。赵州说："吃茶去。"赵州均以"吃茶去"一句来引导弟子领悟禅的奥义。见《五灯会元·南泉愿禅师法嗣·赵州从谂禅师》。后遂用为典故，并以"赵州茶"指寺院招待的茶水。

6　谛视：仔细察看。

7　清癯：清瘦

8　彷徉：徘徊不进。亦作"彷徉"。亦作"彷洋"。

大人汩没¹沉浮于世俗中而不能逃造化之拘者，惟有此身耳。此身则不免于饥渴寒暑，居室衣食。凡含生²负气之属，自王公黎庶，以及虫兽禽豸、蜂蚁蜎飞蠕动之类，其日夕营营，虽小大不同，大都无非为居室计也。上之席丰履厚³，甚或暴殄狼藉⁴，中则拮据劳役，隐忍迁就，下之或寡廉鲜耻⁵，莫不由是，是身之为患大矣。若默野僧者，有身而外其身，有情而忘其情。浮游不知所求，猖狂不知所往。其行止去来，类皆自适其适而不役人之役者，方且鄙金银如粪土，方且等锦绣如草芥，方且视宫室庄严若蓬棘荒榛，方且对轩冕⁶贵介⁷若牧竖⁸童隶⁹，方且进言语字句若风鸣铎响、蚓窍蝇声¹⁰。其涂却守神¹¹，倏然¹²自乐，逍遥乎无为之宇。盖混迹于阎浮提¹³浊秽之中，而独皎皎乎泥而不滓者也。是天地与并生，而万物与为一也。倘所谓"入水弗溺，入火弗热，寒暑弗能害，禽兽不能贼者欤"之言也，始吾弗信，今乃于默野僧见之矣。

噫嘻！悔翁方蹙蹙然¹⁴累于此身，求免世患而不得，仰企¹⁵若

1　汩没：沉沦。

2　含生：拥有生命。负气：有生气。

3　席丰履厚：比喻家产丰厚，生活阔绰。亦作"席履丰厚"。

4　暴殄狼藉：不爱惜物力，任意糟蹋。

5　寡廉鲜耻：没有操守，不知廉耻。

6　轩冕：古代卿大夫的车服。古制大夫以上的官员才可以乘轩服冕。后借指官位爵禄或显贵的人。

7　贵介：显贵的人。

8　牧竖：牧牛羊的童子。

9　童隶：犹童仆。

10　蚓窍蝇声：犹言蝇声蛙噪。

11　涂却守神：意谓涂塞心知之孔隙，守凝一之精神。语本《庄子·外篇·天运》："涂却守神，以物为量。"

12　倏然：毫无牵挂、自由自在的样子。

13　阎浮提：梵语，即南赡部洲。阎浮，树名。提为"提鞞波"之略，义译为洲。洲上阎浮树最多，故称阎浮提。诗文中多指人世间。

14　蹙蹙然：忧愁的样子。

15　仰企：仰慕企望。

人，如之何[1]其能及之。奚[2]但[3]悔翁，尽天下人焉能及之，又焉得而知之，又焉得而名之耶？若云神仙固不得而测矣。窃怪神仙应化[4]，度世[5]为亟，又何为沈冥自晦[6]若是？其谪降者然耶？吾又乌能定之。幸而遇之，未能忘言，为作默野僧传，以俟知者。而知者其谁耶？赞曰：

土木而形，云水而情，藏心而镜[7]。而何缄口而瓶，寒[8]耶？拾[9]耶？抑孝然[10]耶？默野僧岂其徒欤？寒拾有句，孝然有庐，兹并句与庐而亡之。噫！世无至人则已矣。他日者倘有饶舌头陀[11]，庶几乎其或能知之，庶几乎其或能名之。

1　如之何：怎么；为什么。

2　奚：如何。

3　但：只有。

4　应化：教化众生。

5　度世：超度世人。

6　沈冥自晦：泯然无迹，自隐才能。沈冥，泯然无迹。亦作"沉冥"。

7　心境：如明镜般清净光明，可以揽照万象的心。

8　寒：寒山。唐代著名诗僧，居浙江天台寒岩，因称寒山子或寒山。与国清寺僧拾得友善。好吟诗唱偈，有诗300余首，后人辑为《寒山子诗集》三卷。

9　拾：拾得。拾得，生卒年不详，本为赤城（在今浙江天台境）孤儿，天台国清寺僧丰干漫步赤城道上，拾而养之，故名拾得。旧传贞观时人，据近人考证，约玄宗时在世。与寒山为友，亦能诗。后人辑寒山集，附其诗于集中。

10　孝然：焦先。焦先，字孝然，三国（魏）河东人。东汉末避乱扬州。献帝建安初还留陕界。关中乱，避于河济间，结草为庐，食草饮水，饥则为人佣作，不冠不履，佯狂避世。魏国建立，太守贾穆、董经均往探视，与食不食，与语不语。后病死。年八十九。

11　头陀：原意为抖擞浣洗烦恼。佛教僧侣所修的苦行。后世也用以指行脚乞食的僧人。又作"驮都"、"杜多"、"杜荼"。

　　乾隆甲午¹七月既望²，应山洪成鼎悔翁撰于圣水灵湫³之石室。

　　文献来源：光绪《资州直隶州志》卷二十六。⁴

————————

　　1　乾隆甲午：乾隆三十九年，1774 年。

　　2　既望：阴历十五为望，十六为既望，古时称"既望"之时间则较长，或指十四、十五至二十三、二十四之时段。

　　3　湫：洞穴。

　　4　默野僧，按光绪《资州直隶州志》卷十八《人物志·仙释》："默野僧：居内江县圣水寺。《锦里新编》：'其年不可考，或云百二十岁。'亦揣拟之词，无实证也。雍正年间，初至寺时，犹未披剃。止寺门首，数日不去，亦不饮食。寺僧问之，亦不答。数日后，寺中有老僧出，见其行踪诡异，问曰：'汝欲披剃乎？'默野点头。老僧遂邀至寺中，为之削发。问之，终不言。与之食，每餐可尽数盂。或数日不与，亦不食也。寺僧耕种为业，当栽插时，老僧命众僧次日插秧。早起，田尽栽插，寺僧不知其由。又老僧命众僧次日入山伐薪。早起，尽搬至寺，僧亦怪疑，合密伺之，乃知皆默野夜静潜出所为。一人能任数十人之工，但闻人声即遁去。夜多不眠，每自蹲立。或田间露处，数日不动。独处时每自言自语，见人则闭口不出声。其诡异，类如此。乾隆甲午，安岳令洪成鼎访之。自寺外归，饮茶毕，手拈茶叶示洪，不发一语。洪异之，为立《默野僧传》。庚戌春，孙督宪士毅招至成都，西指东指，亦不发一言。至驿道林观察署，见署中自修猪塮，摩终日，若遇旧友，恋恋不忍舍去，人不知其何因也。自修猪盖，林出署时，跟轿不去，林命养之署中者。癸丑，卒于圣水寺。临卒前一日，用炭写诗于壁云：'天地中空日月明，无人不向此间生。从今撒手西归去，免得拖泥带水行。'次日，趺坐而逝。"

重修二仙庵碑记

洪成鼎

特授四川成都府成都县正堂，升任府同知加三级记录十二次记大功三次褚讳端北书丹。

万寿特恩加一级、文林郎，前知四川潼川府安岳县事军功[1]加一级记录四次，楚北应山洪成鼎悔翁撰文并篆额。

二仙庵曷昉[2]乎？自康熙乙亥[3]廉使[4]赵公讳良璧遇仙始也。公休暇日，偶游西郊寻张三丰真人诗碑遗迹，恍惚若有所遇，踪迹之，不觉步入丛篁中。见草团瓢[5]有道士跏趺[6]习静[7]，内供小图，画两仙人像。问之道士，以吕、韩[8]二仙对。公睁视大惊异。道士楚人，

1　军功：乾隆年间，平定两金川（大、小金川），洪成鼎曾任格节萨站（兵站）站员。按《平定两金川方略》卷六十一引（乾隆三十八年五月）乙未富勒浑奏言："据（格节萨站）站员洪成鼎报：'本月十九日至二十一等日，大雨如注，山水陡发。该站之木桥、索桥及东岸河坎，尽被冲塌。现在飞调夫匠，星夜赶修，恐一时骤难高竣。文报往来、赶办，溜索接递。仍于对岸暂发马夫，伺候递送。'"

2　昉：始。

3　康熙乙亥：康熙三十四年，1695 年。

4　廉使：古代按察使的通称。

5　草团瓢：圆形茅屋。亦作"草团标"

6　跏趺：盘足而坐，脚背放在股上。即打坐的坐姿。

7　习静：谓习养静寂的心性。亦指过幽静生活。

8　吕韩：吕洞宾与韩湘子。

自青城来，名陈清觉[1]。公与语，深契元旨[2]，益异之。盖公平昔信道甚笃，适有邂逅遇，而二仙庵建修之缘于是乎起矣。先建正殿，祀吕祖[3]。后建亭，并祀吕、韩二仙，遂颜曰"二仙亭"。最后建斗姆阁[4]，并静室、单房、客僚、茶竈[5]共数十区。更捉俸买田二契供香祀，大概俱公碑文中。复请于朝，康熙四十一年岁在壬午十二月，钦赐御书"丹台碧洞"匾额，并《悟真篇》[6] "赤龙黑虎各西东，四象交加戊己中。复妮兹此能运用，金丹谁道不成功"诗一章。乃建御书坊于亭南，题曰"了门"。

公自号海岸，每有慧心，拈句书联，皆有独契。恒不时至，止与陈翁密谈讲堂奥[7]中事，竟日夕不休。及公迁浙藩将去，命工画陈翁像，公亦自写真庵中，以见两人莫逆意。复虑杂徭[8]侵剥庵基，特留示禁。其多方维护，皆公一片乐道[9]惓惓、度世婆心也。迨康

1　陈清觉：陈清觉（1606～1705），湖北武昌人。曾师全真道士詹太林，后入青城山传道。成都府宪赵良璧修建二仙庵，请他主持庙务。后康熙皇帝诏见，敕封为'碧洞真人'，并赐御书'碧洞丹台'匾，'赤龙黑虎'诗章等物，从此开创碧洞宗。其弟子先后主持青城天师洞、三台云台观、成都青羊宫与武侯祠、青城文昌宫、眉山重瞳观等。

2　元旨：当为"玄旨"，因避康熙帝玄烨之讳而改。玄旨，深奥的义理。

3　吕祖：对吕洞宾的尊称。

4　斗姆：道教所信奉的女神。传说为北斗众星之母，故名。宋元以来崇奉渐盛，尊为"先天斗姆大圣元君"。

5　竈：古同"灶"。

6　悟真篇：北宋道士张伯端，将儒、释、道三家学说归而为一，撰成《悟真篇》。张伯端（987～1082），道教南宗开山祖师，自号"紫阳真人"。祖籍浙江，贯通儒、释、道三家学说，并精通天文、地理、医学、卜筮等。"赤龙黑虎各西东"等句，出自张伯端《绝句·六十四首》之十八。

7　堂奥：比喻学养高深的境界。

8　杂徭：封建社会徭役之一。其剥削范围及剥削程度随统治者需要而定，无严格规定。

9　乐道：以守道为乐。

熙辛丑[1]，方伯[2]孔公讳毓均、臬宪[3]高公讳其佩、太守刘公讳世奇，继公志重建大殿。盖自乙亥[4]于兹八十年，由陈觉翁数传至今。道会[5]吴本固焚修接众，不劳乞募者，无非公外护力维持于无穷。后之羽客庇仙宇，饫道粮，思厥由来，其所仰答赵公、无负陈翁者当何如？勤修密行，庶几永俾无坏而能偃然已耶！

本固幼读书，能诵《道德》《阴符》《黄庭》《参同》《悟真》等篇，而木讷寡言若朴拙无为者。与其徒甘和泰，随时补葺，内外秩如[6]。又念张仙三丰诗碑久仆废圃，力为辇树庵前。予见而心喜，题诗碑阴，令本固刻之。本固更欲摹刻御赐诗额，以永镇道宗，因历述所传建庵施田颠末，将并勒石垂后，求序于予。予瞻赵公与陈翁遗像，方欢慕[7]二仙庵之缘之奇，遂率笔[8]而记之。

皇清乾隆四十一年岁次丙申仲秋月吉旦[9]，主持吴本固勒石。

文献来源：《重刊道藏辑要》翼集。[10]

---

1 康熙辛丑：康熙六十年，1721年。

2 方伯：一方诸侯之长。《礼记·王制》："千里之外，设方伯。"后泛称各地方的长官。

3 臬宪：时对按察使的敬称。

4 乙亥：康熙三十四年，1695年。

5 道会：清代县级道教机关的主管官吏。

6 秩如：条理井然貌。

7 欢慕：欢欣仰慕。

8 率笔：犹败笔。此处为谦辞。

9 吉旦：吉祥的日子，好日子。

10 二仙庵，按嘉庆《成都县志》卷二《寺观》："二仙庵：在（县西南十里）青羊宫左。康熙三十四年，按察使赵良璧建。有圣祖仁皇帝赐道士陈清觉匾额及诗，恭载卷首。匾额及诗俱已勒石，存庵中。"

《重刊道藏辑要》墨影

昭觉寺修阿罗汉像引

洪成鼎

　　十八大阿罗汉者，佛门之内护法也。根尘识[1]三合而为贼[2]，根尘识三反而即为神通[3]，是阿罗汉即自性[4]之善知识也。修阿罗汉即修自性之善知识，而相非相矣。古来神道设教[5]，莫先于易[6]。易者象也，象者像也。今欲修阿罗汉，其即神道设教而借假修真[7]之谓乎？且大阿罗汉非他即我也，我修阿罗汉即我自修我也。举凡一切妙善[8]老寿[9]，低眉垂目，并击拳努力伏虎降龙[10]，无非我自性之变现[11]，特假此作影。以为如是则得，不如是则失。见相归依，有动

　　1　根尘识：佛教语。佛家谓眼、耳、鼻、舌、身、意为六根，色、声、香、味、触、法为六尘。色之所依而能取境者谓之根；根之所取者，谓之尘。合称根尘。而生见、闻、嗅、味、觉、知六种认识作用，谓之六识。"六识"为大、小乘之共说，而位于大乘八识中之前六识，故亦称"前六识"。

　　2　贼：杀掉烦恼之贼。阿罗汉意译为应供、杀贼、无生，汉语常简称为罗汉。杀掉烦恼之贼，是阿罗汉三层意思中的一层。

　　3　神通：佛教中指能清楚明白直接看见，知道一切远时、远地各种情况的一种神秘智力。

　　4　自性：佛教语。指诸法各自具有的不变不灭之性。善知识：佛教用语。佛教称能引发他人向上、增善去恶乃至证悟成佛的人。亦称"善友"。后亦以泛指高僧。

　　5　神道设教：原指圣人顺应自然之势，利用神圣的道德建立教化，以感化万物，教诲众人。语本《易经·观卦·象曰》："观天之神道而四时不忒，圣人以神道设教而天下服矣。"后指以鬼神祸福相因之理，教化世人。

　　6　易：《易经》。

　　7　修真：道教谓学道修行为修真。

　　8　妙善：美好、亲切。

　　9　老寿：高寿。

　　10　伏虎降龙：喻有极大的本领，能战胜重大困难或恶势力。亦作"降龙伏虎"。

　　11　变现：改变其原来的样子而出现。

乎中，则我之修与不修，究何加损阿罗汉耶？人世间即或有不爱阿罗汉，未有不爱我者。爱斯修，修斯舍，舍身外倘来之金钱，修我自性之相。俾人人性地中各有一绝妙行乐图[1]永垂不朽，不亦大快乎哉？昭觉寺古园悟禅师[2]道场，自丈雪[3]老禅

《重修昭觉寺志》墨影

重兴佛殿，而两旁十八大阿罗汉未备。今继席僧道魁欲修补之，又以为昭觉寺独修之。特僧之修耳，不若募宰官居士大众人人修，阿罗汉之善而普也。于是以檀波罗蜜劝大众同登阿罗汉道[4]，求一言于予，以引其端。予姑为饶舌作布施，非为昭觉也，为阿罗汉也。贼也，神通也。大众也，我也。修耶？否耶？

文献来源：《重修昭觉寺志》卷五。[5]

1　行乐图：以行乐为题材的图画。亦指人的肖像画。

2　园悟禅师：园悟勤禅师。参见《重修昭觉寺志》卷二《禅灯》（宋）园悟勤禅师条。

3　丈雪：丈雪醉禅师。参见《重修昭觉寺志》卷二《禅灯》（明）丈雪醉禅师条。

4　檀波罗蜜：梵语的音译。意为布施。阿罗汉道：依照佛的教导修习四圣谛，脱离生死轮回达到涅槃，成就阿罗汉果。

5　昭觉寺：按《重修昭觉寺志》卷一《寺院》："昭觉寺：唐名建元寺，始于贞观年间。宣宗朝，诏休梦禅师应对，称旨，敕赐了觉禅师。剑南节度使崔宁奏改建元，敕赐今额。至宋高宗绍兴初，诏改昭觉为丛林。敕黄到，请圆悟禅觉开堂，敕赐真觉禅师。寺历唐、宋、元、明，代有培修，经乱不废。至明末崇祯甲申之变，毁于献贼。至我朝康熙二年，巡抚张德地、布政使郎廷相、按察使李翀宵捐俸重修。时雪丈老人卓锡于寺，次第修举，始复旧观。"阿罗汉，佛教的果位。为梵语的音译。意为杀贼、应供、不生。在早期佛教，阿罗汉是究竟的解境界，与佛果无别，但大乘佛教兴起后，将阿罗汉贬低，视为小乘的最高果位而已，其上还有菩萨和佛陀的果位。亦作"罗汉"。

东山寺纪异

洪成鼎

　　躄[1]者陈老满，祁阳人。以小贩来合州，中年病废，两足拘挛[2]，以臀据地，以手代足，十余载矣。乞食为活，而性好善，故所至人每乐与。又尝以乞余所积施助贫不能葬者，因是人益怜之。乾隆甲午[3]六月，往探所亲。晚过村墟名凉水井，忽遇一僧顾而黑，尾其后。躄者疑鬼，亟投店宿，僧亦踵至，旁人不觉也。夜半月色人[4]户，僧忽语躄者曰："尔胡弗医？"曰："屡医弗效，且年已久，当是业报耳。"僧曰："吾医汝。"出药丸数粒令吞之，复为按摩足腿，数四[5]强伸其膝，骨节格格有声，亦不甚楚。少顷遽挼躄者起，遂能立，呼躄者行，遂能步。令扪楝周旋数数如转磨然，遂撤手能行。躄者喜甚，叩问僧名与居。僧曰："吾无名亦无定居，只东山[6]便是。"语已，遽出户去。躄者尾之，遂失所在。翌明店主出，见躄

1　躄：瘸腿，两脚残废不能走。

2　拘挛：手脚抽筋的病症。

3　乾隆甲午：乾隆三十九年，1774 年。

4　人：疑为"入"之误。

5　数四：再三再四，多次。

6　东山：按嘉庆《合州志》卷之三《职方志·山》："东山：州东五里。两峰对峙，俯瞰大江。有唐张柬之、宋赵伯璋别业，旧址犹存。岩高四五丈，萦纡可二里，长松夹道，翠泛风涛。上建白塔，如文峰然。"

者彳亍[1]大惊讶。因告以故，且问东山。曰："即白塔寺也。"躄者踊跃，亟往山顶。岩畔见一石佛黳[2]然而立，宛然夜所遇者，遂垂泣，仆仆[3]拜不已。遂拜寺僧请祝发，更名自禅，愿司香火。即提甕汲水，上下岭路行走如飞。因回城市，沿门遍叩其历年施钱与粥者，于是闀传[4]，远近惊叹灵异。

予向寓成都，有游僧为予言，予未深信。丙申[5]冬，客合州，先登东山，乃亲见向之所谓躄足者，并细询其颠末。如此，不禁喟然叹曰："善哉！好善之因果，如是夫！"颂曰：

嘉庆《合州志》书影（国家图书馆藏本）

矇[6]者能视跛能履，善生业尽佛所许。

1　彳亍：彳，左步。亍，右步。彳亍指缓步慢行。

2　黳：黑。

3　仆仆：繁琐的样子。

4　闀传：哄传。闀，众口相传。

5　丙申：乾隆四十一年，1776年。

6　矇：盲人。有眼珠而看不见。

试看陈蹩趋而起，乃知佛说不诳语[1]。

从来志仙释者，每苦幻诞无根。似此众见共闻，凿凿可据，不可谓非仙释现化之奇缘也。笔札虽不工，聊以备一段[2]异文也可（自识）

文献来源：嘉庆《合州志》卷之十六。[3]

1　诳语：骗人的话。
2　段：同"假"。借。
3　东山寺，一名白塔寺。按嘉庆《合州志》卷之四《建置志·寺观》："白塔寺：距城五里。康熙五十三年修。"

履历折（三则）

洪成鼎

一

臣洪成鼎，湖北德安府应山县人。年五十三岁。乾隆三年戊午科举人，侯选知县。今轮班拟备，敬缮履历，恭呈御览。谨奏。

乾隆三十六年十一月三十日。

文献来源：《清代官员履历档案全编》第 20 册。

二

臣洪成鼎，湖北德安府应山县人。年五十四岁。乾隆三年戊午科举人，侯选知县。今轮班拟备，敬缮履历，恭呈御览。谨奏。

乾隆三十七年正月二十九日。

文献来源：《清代官员履历档案全编》第 20 册。

三

臣洪成鼎，湖北德安府应山县人。年五十四岁。乾隆三年戊午科举人，侯选知县。今签掣四川潼川府安岳县知县缺，敬缮履历，恭呈御览。谨奏。

乾隆三十七年二月三十日。

文献来源：《清代官员履历档案全编》第 20 册。

《清代官员履历档案全编》墨影

《清代官员履历档案全编》墨影

《清代官员履历档案全编》墨影

公呈请旌韩孝子文卷

洪成己

应山县举人洪成己、卢珊藩，经历胡棫，岁贡生陈士俊、张六德，廪贡生邓泰、张舜牧，附贡生庄隽、梅钺，监生郑挹、曹之龙、赵文寿、周景、陈桂、刘椅、陈华国、胡光孚、彭达，廪生彭兆雄、卢中发、洪成本、邹倓，增生李玉成、喻衡、周思兼，附生杨润、刘汝为、陈人骥、邹延驹、徐士俊、胡光晋、陈光第、洪忠海、孙能发、孙能远、郑先甲、周震元，武生刘准，杨治，洪登第、彭兆鳌、张步洲，耆庶应光国、喻舒中、郑魁士、左绍永、郑高仰、喻天笃、曹芳兰、傅相斗、袁彤超、傅商贤公呈，为孝行难湮，吁援旌典[1]，以彰潜德[2]，以广皇[3]仁事：

从来人子以纯孝为难，事亲以竭力称善。奉严君[4]而养志[5]，孟

1　旌典：表彰贞烈的匾额。
2　潜德：隐藏不为人知的美德。
3　皇仁：皇帝的仁德。
4　严君：称谓。对父母的敬称。亦指父亲。
5　养志：承顺父母的意志。《孟子·离娄上》："若曾子，则可谓养志也。"

文独著曾参；¹ 侍继母以承欢，孔门惟传闵损。² 汉廷选士，同贤良方正³之科；周礼教民，列睦姻任恤之首。⁴ 稽夫古者，信于今焉。邑故生员韩其煌，孺慕本自初生，庸行⁵征诸毕世。髫龄⁶丧母，呕血沾襟，终日依坟，哀声动野。迨慈帏⁷之再奉，悲欢总属伤心；惟子道⁸其克全，爱敬无忘素心。次举两弟，几开芦絮之嫌；有怀二人，实等昊天⁹之德。厨无隔宿之米，堂上备列乎旨甘¹⁰；妇乏蔽体之裙，膝下婉询夫温清。三旬侍疾尝粪，色动医人；千里思亲舍肉，情怜座客。入山采百合，蛇避悬岩；临水觅青鱼，冰开寒窟。终天永诀，七日依灵；从地无由，三年庐墓¹¹。梨花冬发，荒碑留邑宰之题；邻火消延，木主¹²回祝融¹³之焰。让居和季弟¹⁴，誉噪乡邦；勤课抚遗孤，

1　此句：语本《孟子·娄离上》："曾子（曾参）养曾晳（曾参之父），必有酒肉。将彻，必请所与。问有余，必曰有。"《礼记》亦载，父病故，曾参"泪如泉涌，水浆不入口者七日。""每读《丧礼》，则泣下沾襟。"

2　此句：按《太平御览》卷四一三："闵损，字子骞，鲁人，孔子弟子也。以德行称。早失母，后母遇之甚酷，损事之弥谨。损衣皆薰枲为絮，其子则绵纩重厚。父使损御，冬寒失辔，后母子御则不然。父怒，诘之，损默然而已，后视二子衣，乃知其故，将欲遣妻。谏曰：'大人有一寒子，犹尚垂心。若遣母，有二寒子也。'父感其言，乃止。"

3　贤良方正：汉代选官的科目之一。汉文帝二年下诏"举贤良方正能直言极谏者"，被选中后授予官职。贤良方正科目自此始。唐宋也设贤良方正科。

4　此句：语出《周礼·地官·大司徒》："二曰六行：'孝、友、睦、姻、任、恤。'"郑玄注："睦，亲于九族；姻，亲于外亲。"后因以"睦姻"谓对宗族和睦，对外亲亲密。任恤，诚信并给人以帮助同情。

5　庸行：日常的行为。

6　髫龄：童年。

7　慈帏：母亲。

8　子道：子女对父母应遵循的道德规范。

9　昊天：苍天，辽阔广大的天空。

10　旨甘：美味。

11　庐墓：结庐守葬。古人遇父母师长过世，为表示对他们的敬爱与哀思，乃在墓旁筑茅屋守灵。

12　木主：木制的神主牌位。

13　祝融：火神。《吕氏春秋·孟夏纪·孟夏》："其神祝融。"（汉）高诱注："祝融，颛顼氏后，老童之子，吴回也，为高辛氏火正，死为火官之神。"后用以指火或火灾。

14　季弟：最小的弟弟。

善全继述[1]。此固一邑之钜望[2]，亦九重所列旌者。

《旌孝录》墨影，国家图书馆藏

　　某等分属葭莩[3]，情深桑梓[4]。睹芳型[5]于亲炙，允怀锡类[6]之心；聆懿躅[7]于传闻，宜著阐幽之典。前已公呈边宪[8]，赐额无忝[9]尔

　1　继述：继承，接续。

　2　钜望：望族。

　3　葭莩：芦苇中的薄膜。比喻关系疏远的亲戚。

　4　桑梓：桑树和梓树。古时住宅旁常栽种桑树以养蚕，种梓树以制作器具。语本《诗经·小雅·小弁》："维桑与梓，必恭敬止。"后借指故乡家园。

　5　芳型：楷模。亲炙亲承教诲。

　6　锡类：语出《诗·大雅·既醉》："孝子不匮，永锡尔类。"毛传："类，善也。"郑玄笺："孝子之行非有匮极之时，长以与女之族类，谓广之以教导天下也。"谓以善施及众人。

　7　懿躅：美好的业迹。

　8　边宪：边区长官。此处指湖北省的主要官员。

　9　无忝：不玷辱；不羞愧。

生；还期上达宸聪[1]，俾得传诸史乘。欣值万寿[2]覃恩[3]，实为名教[4]厚幸。伏乞师台[5]，据情赐详，援例请旌。庶孝行克彰，风华攸赖矣。为此公呈，并故孝子生员韩其煌生平孝行事实清册，开列于左：

一、生天性纯孝，年六岁，母景氏逝，哭之呕血。既葬日，屡出不知所往，家人遍寻，乃伏母塚哭忘返。闻者惊讶，皆以韩孝子呼之。年十四，补邑弟子员。

一、生负性严毅，寡交接，少言笑，独事亲和气满容。家赤贫，每进食，必营亲所嗜。偶不怿[6]，必委婉承顺，得亲快乃安。

一、生父患目疾久，生每以舌舐。医言得青鱼胆治可痊，时方冰，生临溪泣，适有渔人来，询其故，凿冰出之。至今里人称为孝子滩，在治东北三里。

一、生奉父命，随其师闵衍[7]衡文[8]山西，妻曹氏纺织奉翁姑[9]。生在署，每食必舍肉，同辈骇问，故曰：“恐父母未有此食耳。”衍赠以诗，旋辞归。

一、生父有洁癖，日三沐，每沐必亲为拭背。父病笃，生为尝粪，七日忘餐。及卒葬，庐墓三年。墓侧有古梨一株，冬忽花，次冬

1　宸聪：君主的听闻。

2　万寿：封建时代指皇帝、皇太后的生日。

3　覃恩：广施恩泽。旧时多用以称帝王对臣民的封赏、赦免等。

4　名教：名分与教化。指以儒家所定的名分与伦常道德为准则的礼法。

5　师台：旧时对掌管教育行政的长官的尊称。

6　怿：欢喜。

7　闵衍：按同治《应山县志》卷二十五《乡贤》：“闵衍：号印麓，（闵）则哲子也。文行为一时重望。康熙辛酉亚元，癸未登进士第。历任山西孝义、宁乡、和合知县，行取户部主政，晋本部员外郎。未及，乞假归里，潜心经史诸子百家之书。著有《楚音正讹》、《检心集》，已入《四库》。另有《印麓山房诗集》。”

8　衡文：品评文章。特指主持科举考试。

9　翁姑：丈夫的父与母。

又花，三年愈盛，望之如雪。邑侯姚孔銮[1]闻之，单骑往观，作诗以纪其事。

一、生继母石氏病，思食百合，乏赀[2]购，自入彭康寨采之。地险峻，适巨蛇横谷口，樵牧皆惊。生叱走之，攀葛藤得百合，归以奉。

一、生继母欲使生异居，生跪牵母裾，泣不起，持杖请受责，不听。旋母病，生侍汤药，衣不解带者月余。母感悟，执生手泣，生亦泣，乃不异居。

一、生有异母弟二，中年废产，生寄居，以蔽庐让之。及两弟没，各遗一子，生抚若己出。并置产业，婚教成人，与生四子称雁行[3]焉，时人不辨其为伯叔子也。

一、生家偶被邻火，生年已七十余，冒火入室护诸神主出。仓猝遗母主，时火势不可向迩，生大号泣，火寻灭，主竟不毁，人皆以为孝感云。

一、生孝行老而弥笃，虽年逾八十，梦寐常呼父母。每逢节忌，必先期斋戒，谒墓致祭，徘徊周视，感泣唏嘘，往往子若孙扶之不能去，观者莫不流涕。没年八十有八，会葬者千余人。

生终身孺慕，孝行多端，谨疏十条，乞赐俯阅。

右具册。

乾隆五十七年十一月　日具。

文献来源：《旌孝录》卷一。[4]

1　姚孔銮：按同治《应山县志》卷十《历代职官》知县条："姚孔銮：字龙眠。雍正十三年任。"

2　赀：同"资"。

3　雁行：比喻兄弟。

4　原文无题，编者所加。原文未署撰者，按《旌孝录》卷三《诗》载洪万页《读〈旌孝录〉题后》诗："维我先人首其事，手书实行达天阊。"注有："前公呈举孝时，贞祖指山公（洪成己）实首其事。"故系之于此。又，同治《应山县志》卷二十六《孝子》："韩光煌：字辉衢，号钟山。乡人详举其孝，递闻于上，旌表建坊，入忠孝祠享祀。后裔刊有《旌孝录》行世。有传，载《艺文志》。"

读旌孝录跋

洪万宪

　　韩孝子辉衢公，宪外高祖也。宪母系公曾孙焉。我洪氏自都督公建功国初名列《功臣传》以来，世与韩氏结姻亲。母夙承家训，深知大义，苦志守节。尝训宪曰："今汝登入太学[1]，持身涉世之道，固所宜知，而亦知汝外高祖之孝行乎？汝外高祖六岁失恃，每日潜往伏墓，哀号至于呕血，乡党咸以小孝子称之。及长，年十四为邑庠生，事亲养志，而尤善事继母。老而孝心弥笃，梦寐之间，常呼父母。每逢节忌，必亲诣墓祭奠，哭泣一如婴孩。见者莫不感而流涕，洵可谓孺慕终身矣！至于舐目拭背、舍肉求鱼、采药尝粪诸事，古人或有偶一见者，汝外高祖独全而有之已，足令人羡慕不已。况且父殁[2]庐墓，冬日梨花盛开，三年如一。县主姚公[3]单骑往观，作诗以纪其事，此其孝心所感，不尤亘古以来罕见罕闻者乎？所以邑之绅耆公吁请旌。蒙恩嘉奖，建坊曰孝子坊，表里为孝子里。载在邑乘[4]，配享黉宫[5]，

————————

　　1　太学：我国古代设立在京城，用以培养人才、传授儒家经典的最高学府。西周时已有太学之名，汉武帝立五经博士，为西汉设太学之始。之后历代名称不一，制度亦有变化。

　　2　殁：亦作"没"。死。

　　3　姚公：姚孔鉴。参见《公呈请旌韩孝子文卷》相关注释。

　　4　邑乘：县志；地方志。

　　5　黉宫：学校。《幼学琼林》卷三《宫室类》："黉宫胶序，乃乡学之称。"亦作"黉门"、"黉校"。

俎豆[1]千秋，何馨香[2]也！且夫两大之间，无非忠孝节义之气洋溢而充周。汝藐孤[3]也，都督公六世孙也，孝子公外元孙也。吾望汝则之孝之，庶不负予数十年抚汝之苦心，抑可以见忠孝节义出于一家也。"宪始闻之而心酸，继思之而涕出，而果何以报宪母之恩亦如宪外高祖哉？用是念兹在兹，于读《旌孝录》之余，即以宪母之训宪者，谨为跋语，以志兢兢[4]之意云。

外元孙洪万宪顿首谨识。

文献来源：《旌孝录》卷二。

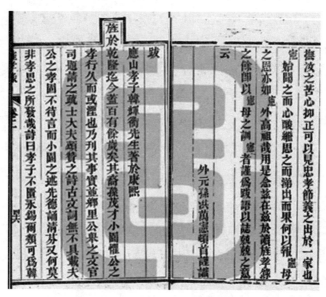

《旌孝录》墨影（国家图书馆藏本）

1　俎豆：祭祀、奉祀。俎和豆。古代祭祀、宴飨时，用来盛祭品的两种礼器。亦泛指各种礼器。

2　馨香：芳香。比喻德化远播。

3　藐孤：幼弱的孤儿。语本《左传·僖公九年》："献公使荀息傅奚齐。公疾，召之曰：'以是藐诸孤，辱在大夫，其若之何？'"孔颖达疏："藐诸孤者，言年既幼稚，县藐于诸子之孤。"

4　兢兢：小心谨慎的样子。

洪氏宗谱序

洪世垠

康熙《严陵洪氏统宗谱》、光绪《洪氏宗谱》（应山派支谱）一函，广水洪氏家藏

（《洪氏宗谱》图片）

　　自伯父哲公[1]续谱以来，至今已五十余年矣。凡子姓蕃衍，散居不一处，其世系、名讳、里居及嫁娶与生卒之期，悉未录载。设不续录，将代远年湮，势必茫然无据矣。仪斋晴山兄[2]，深念洪氏宗谱，先人立之大非易事。伯父哲公抄录古谱一套，续录应山派宗谱一本，

1　哲公：阙考。
2　仪斋：阙考。

譔[1] 录宗谱序一篇，续录应山宗谱序一篇。非惟使先人之志不坠，亦使后代之传不紊。现今日久未录，心何以安？兄因与合族商议，命垠载录。垠亦不敢惮劳，一一访问，续录应山沠[2]老谱一本，譔录应山沠子谱一本。以使后之续谱者，庶几如水斯长，如木斯枝，水有源可溯，木有本可寻也。

时大清光绪三十年甲辰岁冬十一月上浣日，荣仕公十世孙籽岩世垠敬譔。

文献来源：光绪《洪氏宗谱》（应山派支谱）卷下。[3]

1　譔：同"撰"。

2　沠：同"派"。

3　编注：光绪《洪氏宗谱》（应山派支谱）上卷失传，该篇谱序承接上卷，或不完整。原文无题，编者所加。洪世垠，生平阙考。

辑七 诗选

洪起元功臣府事文录

贺仁峰华翁洪老先生七秩锦轴荣寿诗

洪起元

坦怀兼爽致[1]，
矍铄[2]此仙翁。
海日鸣虬发[3]，
山霞点漆瞳[4]。
图书轩昊[5]上，
人物永和中。
式[6]晏歌春酒，
陶然两颊红。

文献来源：《严陵洪氏统宗谱》卷之八。[7]

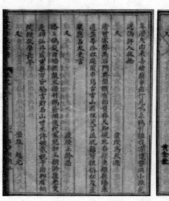

《严陵洪氏统宗谱》书影（上海图书馆藏本）

1　爽致：旨趣豪迈。

2　矍铄：老而强健。

3　虬发：卷曲的头发。

4　漆瞳：乌黑如漆的眼瞳。

5　轩昊：轩辕、少昊的并称。唐·白居易《送毛仙翁》诗："轩昊旧为侣，松乔难比肩。"

6　式：句首语气词。无实义。

7　原诗无题，编者所加。撰者署"起元"，上注"从叔"。按洪季华，遂安县龙源人，县庠生。事迹参见该谱卷之八方韩《贺仁峰大文望华翁洪老先生七秩荣寿诗》。七秩，七十。十年为一秩。

贺仁峰进之洪老亲翁五褎锦屏荣寿诗

洪起元

新定吾宗系，同源著盛名。
狮山[1]青亦故，龙水[2]漾长清。
倒履[3]多朋友，称觞[4]集弟兄。
高烧银烛处，近听子乔笙[5]。

文献来源：《**严陵洪氏统宗谱**》卷之八。[6]

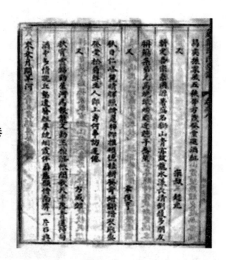

《严陵洪氏统宗谱》书影（上海图书馆藏本）

1　狮山：五狮山。按光绪《遂安县志》卷一《方舆·山》五狮山条："县治后五山，联踞如师，故名。学博萧彦立句：'云生石腋熊罴遯，风拂松鬐虎豹疑。'"

2　龙水：龙溪。按光绪《遂安县志》卷一《方舆·水》龙溪条："在县东北，自淳安县境发源，南至县东一里许入武强溪。"

3　倒履：指急于出迎，把鞋子左右穿反。形容热情迎客。

4　称觞：举杯敬酒，表示祝贺。

5　子乔笙：喻指仙人奏乐。汉·刘向《列仙传·卷上·王子乔》："王子乔者，周灵王太子晋也。好吹笙作凤凰鸣，游伊洛之间，道士浮丘公接以上嵩高山。三十余年后，求之于山上，见柏良，曰：'告我家，七月七日，待我于缑氏山巅。'至时，果乘白鹤驻山头。望之不得到，举手谢时人，数日而去。"

6　原诗无题，编者所加。撰者署"起元"，上注"从叔"。洪进之，即士益，按《严陵洪氏统宗谱》卷之七："士益，号进之。祖传济世，远迩攸赖。集修宗谱，众诅公直。生于崇祯壬申年七月初二亥时。"褎：同"袖"。五褎，五十。

龙渡文波

洪一栋

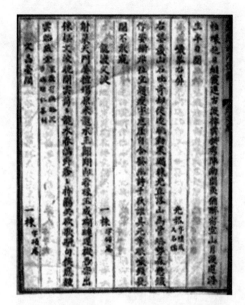

《严陵洪氏统宗谱》书影（上海图书馆藏本）

射策[1]天门屡擅场[2]，

原来龙水正翱翔。

即看琢玉成瑚琏[3]，

还拟吾宗出栋梁。

文波晓开云蔼蔼，

龙水春满树苍苍。

持觞[4]共欲歌骊句[5]，

俟应钟云贻燕堂[6]。

家严有"燕贻流芳"匾赠仁峰祠。[7]

文献来源：《严陵洪氏统宗谱》卷之尾

1　射策：古代科举考试时，士子针对皇帝策问，提出一套治理政事的方略。泛称应试。

2　擅场：压倒全场。

3　瑚琏：宗庙里盛黍稷的祭器。比喻治国的才能。

4　觞：古代盛酒器。

5　歌骊句：犹骊歌。离别时所唱的歌。

6　燕堂：供休息的房屋。

7　撰者署"一栋"，下注"字硕庵"。"龙渡文波"是"仁峰十景"中之一景。

文昌台阁

洪一栋

危[1]亭中峙武强溪[2]，

遥瞻台畔草凄凄。

一邑文风留砥柱，

吾宗后起有英骊[3]。

静望东湖浮夜月，

远看凰水绕晴霓。

台前此日犹从过，

不为婆娑[4]醉眼迷。

文献来源：《严陵洪氏统宗谱》卷之尾。[5]

1　危：高。

2　武强溪：按光绪《遂安县志》卷一《方舆·水》龙溪条："源出十三都白漈岭，过中洲至武强山达县治，南合遂安水，绕郭而四十里达淳安境，又二十里入新安江。"

3　英骊：骏马，宝马。喻贤才。骊，深黑色的马。

4　婆娑：泪光闪动的样子。

5　撰者署"一栋"，下注"字硕庵"。"文昌台阁"是"仁峰十景"中之一景。

赠子度宗兄

洪一栋

宗兄子度，磊落慷慨人也。为邑户掾1，遂值闽寇蹂躏，官兵云集。家严甚重之，授以千戎2随征，余亦与之莫逆。今往视谱事，彷徨经旬。其两尊人3年高体健，诸郎森立，兼为致喜，并祝。

人间乐事层庭闱4，酒正盈缸蟹正肥。
堂树椿萱5应更茂，楼连花萼共相辉。
鸡声五夜6姜肱被7，鹤发三秋莱子衣8。
威凰有雏初展翼，羽毛养就看高飞。

文献来源：《严陵洪氏统宗谱》卷之尾。

1　户掾：佐吏。掾，古代官府属员的通称。

2　千戎：犹千总。明初于三大营置千总、把总等重要武职，皆授予功臣；清代时职权日轻，而成为下级武职，位在守备之下。

3　尊人：称谓。对父母或长辈的敬称。

4　庭闱：父母所住的厅房。今为做父母的代称。

5　椿萱：椿，香椿。萱，萱草。椿萱比喻父母。

6　五夜：即五更。古代民间把夜晚分成五个时段，用鼓打更报时，所以叫作五更、五鼓或五夜。

7　姜肱被：汉人姜肱秉性纯孝友爱，与弟仲海、季江常同被而寝。《后汉书·姜肱传》："肱与二弟仲海、季江，俱以孝行著闻。其友爱天至，常共卧起。"李贤注引《谢承书》曰："肱性笃孝，事继母恪勤。母既年少，又严厉。肱感《恺风》之孝，兄弟同被而寝，不入房室，以慰母心。"后因以"姜被"、"姜肱被"指兄弟和兄弟之情。

8　莱子衣：春秋时楚隐士，世传有老莱子戏彩娱亲的故事。《艺文类聚》卷二十引《列女传》："老莱子孝养二亲，行年七十，婴儿自娱，着五色采衣。尝取浆上堂，跌仆，因卧地为小儿啼，或弄乌鸟于亲侧。"

《严陵洪氏统宗谱》书影（上海图书馆藏本）

长溪留别二首

洪国彰

言别长溪意转深，登程犹恋送行人。

休嗟宦况如咀蜡，[1] 幸浃[2]民情若饮醇。

挽辔且寻归厩马，觅舟还整钓江纶[3]。

萧条囊橐曾何异，赖有丹心对紫宸[4]。

一曲骊歌客路催，黄童白叟共徘徊。

深惭抚字[5]输良策，转愧循声[6]属浅才。

士受六经[7]劝服习[8]，农分五谷慎栽培。

1　此句：罗暹春撰《都督洪公家庙碑铭》引洪成鼎言："我父官福宁州，不一年，为前官偿库金六千，家日落无已。"

2　浃：通达，理解。

3　纶：钓鱼竿上的丝线。

4　紫宸：对皇帝或帝位的代称。

5　抚字：谓对百姓的安抚体恤。

6　循声：指为官有循良之声。

7　六经：六部儒家经典。

8　服习：清楚、熟悉。

让行让畔[1]俗何厚，还冀薰风[2]入舜台[3]。

文献来源： 乾隆《福宁州志》卷四十一。[4]

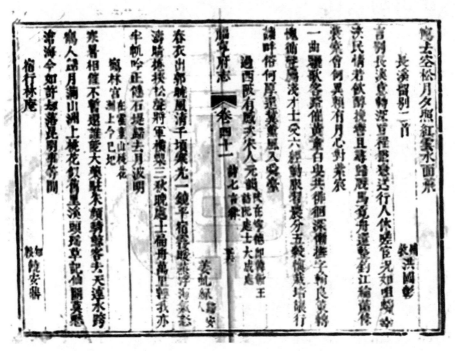

乾隆《福宁州志》书影（国家图书馆藏本）

1　让行让畔：耕田的人把田界所占的地面让给对方，走路的人让开路给对方行走。形容礼让已成为社会风气。《孔子家语·好生》："入其境，则耕者让畔，行者让路。"畔，田界。

2　薰风：和风，特指夏天由南向北吹的风。

3　舜台：帝舜台。《山海经·海内北经》："帝尧台、帝喾台、帝丹朱台、帝舜台，各二台，台四方，在昆仑东北。"

4　按乾隆《福宁州志》卷十五《秩官》知州条："洪国彰，应山人。监生。雍正五年任。"又卷六《建置志·城池》："雍正五年，知州洪国彰、总镇颜光旿，复浚城壕。"长溪，福宁州旧称，县治在今霞浦县。按乾隆《福宁府志》卷二《沿革》："唐武德六年，以温麻废县置长溪县（长溪名县始此）。"又"元至元二十三年，升长溪县为福宁州，领二县，属福州路。"

文王庙演易台赞

洪成鼎

　　演易[1]有台，其高巍巍。古也何所，羑里城隈[2]。王室如燬，民乃西归。西伯[3]至德，囚也何为[4]？惟囚不杀，惟天王恩。臣也有罪，臣复何言。臣心戒惧，观易系辞[5]。厥体乾坤[6]，厥用坎离[7]。起自屯蒙[8]，终于既未。贞元[9]往复，旦明[10]不匮。准诸天道，配诸人事。吉凶

　　1　演易：指周文王困羑里时推演《易》之八卦为六十四卦之事。按乾隆《彰德府志》卷四《古迹·汤阴古迹》：“羑里，在县北七里。周回二百五十步，高二章，中实羑里，盖商狱名也。纣听崇候虎谮，囚文王于此。今高邱上有文王庙及演易台、亭。”又乾隆《汤阴县志》卷之三《祠祀志》：“文王庙，在县北羑里社。元大德间邑人许仪重修，又元总管萧某曾修。有郝经碑，今碑碣无存。”

　　2　城隈：城角；城内偏僻处。

　　3　西伯：本指西方诸侯之长。因商王任命周文王为西伯，后专指周文王。

　　4　何为：反问的语气，表示没有什么用。

　　5　系辞：指《周易·系辞》。用来解释《易经》。

　　6　乾坤：本是易经上的两个卦名，后借称天地、阴阳、男女、夫妇、日月等。

　　7　坎离：犹言铅汞、水火、阴阳。易经上的两个卦名，道教以“坎男”借指汞，内丹家谓为人体内部的阴精；以“离女”借指铅，内丹家谓为人体内部的阳气。

　　8　屯蒙：易经上的两个卦名。蹇滞、困顿。

　　9　贞元：古以“元亨利贞”喻春夏秋冬，故借指时令的周而复始和天道人事的转换。

　　10　旦明：天亮的时候。

同患，以正民志。微阐羲图[1]，德神卦序。于戏[2]我师，周挥[3]孔翼[4]。易象[5]既成，羑里斯灵。易台且高，羑里斯尊。殷也朝歌[6]，周也镐京[7]。百千年后，忽焉浮云。惟演易台，久而不倾。其高巍巍，敝则复新。惟演易台，天启斯文。奉时昭事，文德[8]之纯。惟演易台，惟神式[9]凭。高台巍巍，振古[10]常存。

文献来源：乾隆《彰德府志》卷二十七。

乾隆《彰德府志》书影（国家图书馆藏本）

1　羲图：伏羲八卦。又称"羲经"，即《易经》。传说《易经》八卦为伏羲所作，文王作卦辞。

2　于戏：犹于乎。感叹词。

3　周挥：完备与发扬。

4　孔翼：孔子所作《十翼》。十翼，《易经》的上彖、下彖、上象、下象、上系、下系、文言、说卦、序卦及杂卦的总称。相传为孔子所作。南朝梁·刘勰《文心雕龙.宗经》："于是易张十翼，书标七观，诗列四始，礼正五经，春秋五例。"

5　易象：易经断定卦义之辞。

6　朝歌：地名。殷纣的都城，在今河南省淇县东北。

7　镐京：古地名。位于今陕西省长安县西南，沣河东岸，简称为"镐"。为周武王建都的地方。

8　文德：礼乐教化。

9　式：用以依靠。

10　振古：自古。

谒文王庙恭纪

洪成鼎

先圣殷忧[1]地，
羲图[2]初阐时。
向明[3]推卦位，
观像系占辞[4]。
古庙拟神护，
斯文信我师。
大来[5]钦泰复，
瞻拜不胜思。

文献来源：乾隆《彰德府志》卷二十九。

乾隆《彰德府志》书影（国家图书馆藏本）

1　殷忧：深忧。

2　羲图：伏羲八卦。又称"羲经"，即《易经》。传说《易经》八卦为伏羲所作，文王作卦辞。

3　向明：天刚亮的时候。《易经·说卦》："圣人南面而听天下，向明而治。"

4　占辞：占卜的记录。

5　大来：《易·泰》："小往大来，吉，亨。"指阴暗面逐渐消逝，光明面逐渐增长。后用"大来"表示吉祥亨通。

重谒文王庙瞻玩庭墀、卦碑、禹篆，古柏苍然，留连赞叹，仰止兴思，再成四韵

洪成鼎

《羑里城志》书影

演易台高荡水[1]阴，周王遗庙肃清森。

丰碑文揭图书秘，老柏根蟠天地心。

七载艰贞垂法戒，千秋种虡[2]俨昭临[3]。

坎离济处乾坤合，瞬息人间自古今。

　　1　荡水：在汤阴县治北二里。《水经注》："荡水在县西石尚山，东流经县城北，县因水名。"按乾隆《汤阴县志》卷之一《地理志》："唐贞观元年，以水微温，故改名汤。"

　　2　种虡：喻礼乐制度的起源。虡，悬挂钟、磬等架子两旁所立的柱子。

　　3　昭临：光临；当着。

殿墀 1 右侧有碑，全刻象辞。又有衡山禹迹 2，蝌蚪篆文。殿庭前后，古柏百余株，虬枝苍郁。唯殿墀前左右三株，尤为奇古。左一株分三股，攫挐 3 有致。右二株则挺拔直上，正当卦碑前。约皆数百年物，故颔联之云。

文献来源：《羑里城志》。

---

1 墀：阶。

2 禹迹：即岣嵝碑。按《羑里城志》："该碑位于大门外左侧。原碑在南岳衡山祝融峰。南宋何致将原碑文刻于长沙岳麓书院后院巨石上。明嘉靖二十三年，汤阴知县张应吉得墨本于席星厓，刻石于文王庙前。"又，洪成鼎为羑里城书有"与天地准"的匾额。参见《羑里城志》，第53页。

3 攫挐：张牙舞爪。

宝刀篇

洪成鼎

先曾祖都督公讳起元 1，为本朝开国功臣 2。其刀乃国家奏功之器，不但吾洪氏之宗器遗宝已也。家庙告成，谨藏之神厨 3，用垂永久。4

豪士床头三尺铁，号风啸雨声呜咽。

百道寒芒凄似霜，一条秋水明如雪。

紫花锈蚀斑模糊，犹带沙场髑髅 5 血。

将军结发古战场，匹马搴 6 旗十荡决 7。

一呼辟易 8 雷电驰，当先扫尽豺狼穴。

誓将驱命奠河山，力为君王除叛窃 9。

西援东剿四十年 10，疮痍遍体刀痕结。

1　讳起元：原无，据诗征本补。

2　本朝：诗征本无。功臣：诗征本作"勋臣"。

3　神厨：安置神像的立柜。由神龛及其下面的柜子组成。

4　"家庙告成"等十三字：诗征本无。

5　髑髅：死人的头骨。

6　搴：扛举。

7　荡决：冲杀突击。

8　辟易：退避。

9　叛窃：反叛者与盗贼。

10　此句：按彭启丰撰《荣禄大夫骠骑将军镇守严州左都督洪公起元神道碑》："在军中三十八年，至（康熙）二十一年，以老病乞归。"

平定三藩奏廓清[1]，独立大树忘夸揭[2]。

功成身退善而藏，烂烂新铡[3]未曾缺。

宝兹彝器[4]垂千秋，斗牛[5]夜夜寒光白。

文献来源：同治《应山县志》卷三十五。

参考文献：《湖北诗征传略》卷二十四。[6]

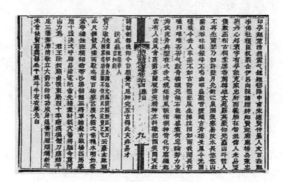

同治《应山县志》墨影（《中国地方志集成》影印本）

《湖北诗征传略》墨影

1　廓清：肃清、澄清。

2　夸揭：犹夸耀。

3　铡：古通"硎"，磨刀石。

4　彝器：古代宗庙常用祭器的总称。

5　斗牛：二十八宿中的斗宿和牛宿。

6　简称诗征本。题作《宝刀歌》，撰者署"洪成鼎"，注有："乾隆举人，官知县。"按，罗遐春撰《都督洪公家庙碑铭》："乾隆三十三年月日，都督洪公家庙成，因故宅也。"又引洪成鼎言："即修延堂中为都督位，悬遗像于龛，朝夕礼焉。"故此诗当写于是年。

谒汉昭烈帝庙

洪成鼎

乾隆壬辰 1 七月，鼎将赴安岳，先过成都，恭谒汉昭烈帝庙 2。瞻两庑文武忠臣遗像、诸葛武侯同閟宫 3，敬赋：

南阳鱼水明良 4 遇，西蜀风云忠义军。

季汉 5 特书存正统，谬哉陈寿志三分。

明谢陛，歙 6 邑名士。遵紫阳 7 书法，改正陈寿《三国志》谬误，修成《季汉书》。而史擅之长，足继两汉之后。当时已有刊本，藏书家每什袭 8 之，见者甚罕。倘有心人购，刻以广其传，亦《纲目》之功臣也。附记以俟。

———————————

1　乾隆壬辰：乾隆三十七年，1772 年。

2　汉昭烈帝庙：按《昭烈忠武陵庙志·提要》："据《三国志·蜀书》卷一《刘先主传》载：'章武三年五月，梓宫自永安还成都，谥曰昭烈皇帝。秋八月，葬惠陵。'既葬刘备，必立庙祀，则昭烈庙的建成，当在章武三年（223）八月以前。昭烈庙又称先帝庙，或称惠陵祠。"

3　閟宫：神庙。泛指祠堂。

4　明良：指贤明的君主和忠良的臣子。语本《书经·益稷谟》："乃赓载歌曰：'元首明哉，股肱良哉，庶事康哉。'"《三国志》卷三十五《诸葛亮传》引刘备言："孤之有孔明，犹鱼之有水也。"

5　季汉：即蜀汉，犹言汉之季世。此处指明人谢陛所撰《季汉书》。《季汉书》以蜀汉为正统，而西晋史学家陈寿所撰《三国志》则尊曹魏为正统。

6　歙：安徽歙县。

7　紫阳：宋代理学家朱熹的别称。朱熹所撰《资治通鉴纲目》，以春秋笔法体现正统史观。

8　什袭：层层包装。后形容珍重地收藏。

安岳令、应山洪成鼎谨题并书。富平刘国栋镌。

文献来源：《墨石珍藏：成都武侯祠现存碑刻》。[1]

参考文献：《昭烈忠武陵庙志》卷五。[2]

《昭烈忠武陵庙志》书影（国家图书馆藏本）

1　无题，惟称"南阳鱼水明良遇"诗碑。

2　题作《谒汉昭烈帝庙》，然不录序跋。撰者署"洪成鼎"，注有"四川安岳令。应山。悔翁。"按《昭烈忠武陵庙志》卷二《陵庙·金石》洪成鼎诗刻石条："一镌《汉昭烈庙》、《诸葛忠武侯祠》七言绝句各一章，后有跋，在前殿昭烈座后壁间。"又，李兆成《武侯祠碑刻之沿革与现状（三）》："此碑现嵌于刘备殿与东庑连接的通道阶梯旁之北壁，可知1829年后此碑的位置已有变化，而1949年后此碑未有搬迁，故搬迁应发生在1829年后至1949年之前。"

清代洪成鼎"南阳金水明良遇"诗碑拓片（《墨石珍藏：成都武侯祠现存碑刻》书影）

谒北地王祠

洪成鼎

洪成鼎诗碑，四川省成都市武侯祠内陈列（网络图片）

乾隆壬辰秋七月，谒汉北地王祠[1]，感慨当季，中心戚戚，不觉泪之涔涔[2]下也。噫嘻！

---

[1] 北地王祠：北地王即刘谌（后主刘禅第五子），按《三国志》卷三十三《后主传》："（景耀）二年夏六月，立子谌为北地王。"又"（景耀）六年夏，魏大兴徒众，命征西将军邓艾、镇西将军钟会、雍州刺史诸葛绪数道攻（蜀）。……冬，邓艾破卫将军诸葛瞻于绵竹。（后主）用光禄大夫谯周策，降于艾。……是日，北地王谌伤国之亡，先杀妻子，次以自杀。"北地王祠，《昭烈忠武陵庙志》未见详载，仅于卷二《陵庙》汉昭烈正殿配享条之下载有："汉北地王谌之位。原祀。"疑即为该处。

[2] 涔涔：流汗、流泪的样子。

痛哭辞朝[1]口，全家授命时。

奸贼老谯周[2]，何不手诛之。

丞相不可作，锦城[3]竖降旗。

烈哉北地王，千载增伤悲。

安岳令、应山洪成鼎谨题并书。富平刘国栋镌。

文献来源：《墨石珍藏：成都武侯祠现存碑刻》。

参考文献：《昭烈忠武陵庙志》卷五。[4]

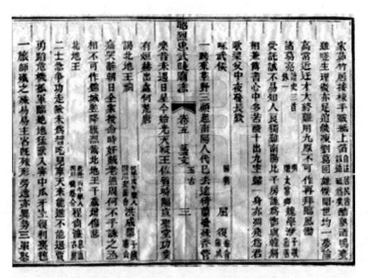

《昭烈忠武陵庙志》书影（国家图书馆藏本）

1　辞朝：辞别朝廷。

2　谯周：字允南，三国时期蜀汉学者，官至光禄大夫。有传载《三国志》卷十二。因其力劝后主刘禅降魏而被后世诟病。洪成鼎亦曾撰《谯周论》，刻于石，然今已不存。按《新修合川县志》卷五十二《流寓》洪成鼎条："独查方伯深赏之，为镌其所撰惠陵、武侯祠诗《北地王叹》及《谯周论》于石，并率同官伙金赒之。"

3　锦城：锦官城。位于四川省成都县南。因织锦在锦江内洗濯更加鲜明，故称为"锦官城"。后人常用为成都的别称。

4　不录题款。撰者署"洪成鼎"，注有"四川安岳令。乾隆戊午举人。应山。悔翁。"按《昭烈忠武陵庙志》卷二《陵庙·金石》洪成鼎诗刻石条："一镌《北地王祠》五言古诗一章，一镌《北地王叹》七言古诗一章，俱在前殿张桓侯座右壁间。"李兆成《武侯祠碑刻之沿革与现状（一）》："（此碑）何时搬迁至今处（刘备殿与东庑连接的通道阶梯旁之北壁），不详，但应在1949年之前，其后位置无变化。"

清代洪成鼎"痛哭辞朝日"诗碑拓片（《墨石珍藏：成都武侯祠现存碑刻》书影）

北地叹

洪成鼎

　　劝降已被谯周误，北地捐生[1]愤不顾。拼将一死劝君亲[2]，争奈君亲终不悟。终不悟，只为奸臣卖国故。窜身宁可向南蛮，何忍蒙羞投贼去。呜呼！丞相出师讨贼名，王孙殉义铁铮铮。锦城自弃会艾[3]戮，恨煞平襄[4]计不成。吁嗟乎！奸邪攘夺互相催，三马同槽[5]依样来。转眼刘渊辱典午[6]，青衣行酒[7]更堪哀。于戏！昭烈庙，北

1　捐生：舍弃生命。指死亡。

2　君亲：君王与父母。亦可特指君主。此处指蜀汉后主刘禅。

3　会艾：钟会、邓艾。

4　平襄：平襄侯姜维。按《三国志》卷四十四《姜维传》："姜维，字伯约，天水冀人也。……（建兴）十二年，（诸葛）亮卒，维还成都，为右监军、辅汉将军，统诸师，进封平襄侯。"蜀汉灭亡后，姜维假意投降魏将钟会，意图利用钟会反叛曹魏，恢复汉室，但最终因钟会反叛失败而被杀。

5　三马同槽：三马，喻指司马懿、司马师和司马昭。槽，喻指曹操一族。汉代曹操为丞相时，曾梦三匹马同食一槽，甚恶。因对其子丕曰："司马懿非人臣也，必干预汝家事。"典出《晋书》卷一《宣帝纪》。后比喻图篡谋位。

6　辱：《昭烈忠武陵庙志》作"入"。刘渊：前赵开国皇帝。于左国城（今山西离城北）起兵反晋。典午："司马"的隐语。《三国志·蜀志·谯周传》："周语次，因书版示立'典午忽兮，月酉没兮。'典午者，谓司马也，月酉者，谓八月也。至八月而文王（司马昭）果崩。"晋帝姓司马氏，后因以"典午"指晋朝。

7　青衣行酒：指晋怀帝被俘受辱事。

地陪[1]；丞相祠堂同巍巍，受禅台[2]高安在哉?

乾隆壬辰秋月，安岳令、应山洪成鼎谨题并书。富平刘国栋镌。

文献来源:《墨石藏珍：成都武侯祠现存碑刻》。

参考文献:《昭烈忠武陵庙志》卷五。[3]

《昭烈忠武陵庙志》书影（国家图书馆藏本）

1　此句：按《昭烈忠武陵庙志》卷二《陵庙》："（汉昭烈正殿配享）汉北地王谌之位。原祀。"

2　受禅台：相传为禅让帝位而筑的坛台。

3　不录题款。撰者署"洪成鼎"，注有"四川安岳令。乾隆戊午举人。应山。悔翁。"按《昭烈忠武陵庙志》卷二《陵庙·金石》洪成鼎诗刻石条："一镌《北地王祠》五言古诗一章，一镌《北地王叹》七言古诗一章，俱在前殿张桓侯座右壁间。"李兆成《武侯祠碑刻之沿革与现状（一）》："（此碑）何时搬迁至今处（刘备殿与东庑连接的通道阶旁之北壁），不详，但应在 1949 年之前，其后位置无变化。"

清代洪成鼎"北地叹"诗碑拓片（《墨石珍藏：成都武侯祠现存碑刻》书影）

乾隆壬辰秋月过绵竹吊诸葛都尉父子双忠祠

洪成鼎

国破难将一战收，致身[1]疆场壮千秋。

相门父子[2]全忠孝，不愧先贤忠武侯。

文献来源：《墨石藏珍：成都武侯祠现存碑刻》。[3]

1　致身：委身、托身。

2　相门父子：诸葛瞻与诸葛尚。按《三国志》卷三十五《诸葛瞻传》："瞻字思远……年十七，尚公主，拜骑都尉。"又，"（景耀）六年冬，魏征西将军邓艾伐蜀，自阴平由景谷道旁入。瞻督诸军至涪陵停住，前锋破，退还，住绵竹。……遂战，大败，临陈死，时年三十七，众皆离散。艾长驱至成都，瞻长子尚，与瞻俱没。"双忠祠，按民国《绵竹县志》卷十六《陵墓》："诸葛都尉父子墓，在县西门外诸葛双忠祠内。"

3　按《昭烈忠武陵庙志》卷二《陵庙·金石》洪成鼎诗刻石条："一前镌《过绵竹吊诸葛都尉父子双忠》七言绝句一章，后镌《过剑阁谒汉平襄姜公祠》七言绝句一章，在后殿左壁。"《墨石藏珍：成都武侯祠现存碑刻》记："该碑现嵌于诸葛亮殿内西次间北壁。"

清代洪成鼎"过绵竹吊诸葛都尉父子双忠祠"、"过剑阁谒汉平襄侯姜公祠感赋"诗碑拓片（《墨石珍藏：成都武侯祠现存碑刻》书影）

过剑阁谒汉平襄侯姜公祠感赋

洪成鼎

烈烈姜侯继武侯，奈何卖国有谯周。

谋虽未就贼骈[1]戮，钟会、邓艾旋即授首。足报阴平入寇仇。

安岳令、应山洪成鼎。

文献来源：《墨石藏珍：成都武侯祠现存碑刻》。[2]

---

1 骈：并列。

2 按《昭烈忠武陵庙志》卷二《陵庙·金石》洪成鼎诗刻石条："一前镌《过绵竹吊诸葛都尉父子双忠》七言绝句一章，后镌《过剑阁谒汉平襄姜公祠》七言绝句一章，在后殿左壁。"两诗合刻于一碑，共题款。按 1991 年版《剑阁县志》："姜公祠位于剑门关内古道左侧。人们纪念姜维，在此立祠纪念。祠里有楹联：'雄关高阁壮英风，捧出丹心，披开大胆；剩水残山余乐日，虚怀远志，空寄当归。'祠前建有姜维墓。附近有姜维和诸将议事的洞穴，称'姜维洞'。"剑阁平襄公祠，始建于明代正德年间，后废。2009 年，在其原址复建新祠。

石　琴

洪成鼎

石琴[1]横太古[2]，泠然[3]戛[4]鸣玉[5]。

千秋宁静怀，惟领无弦曲。

文献来源：《忠武祠墓志》卷七。

1　石琴：按《光绪沔县志》卷一《古迹》："琴台，在武侯庙中。上横石琴一张，镌有章武元年字。扣之，泠然清越。传时诸葛公手挥之物。"

2　太古：上古时代。

3　泠然：形容清越激扬的声音。

4　戛：形容鸟鸣声。

5　鸣玉：古时富贵人家常佩带宝玉为饰，一有动作，佩玉便相触发声，因此称为"鸣玉"。

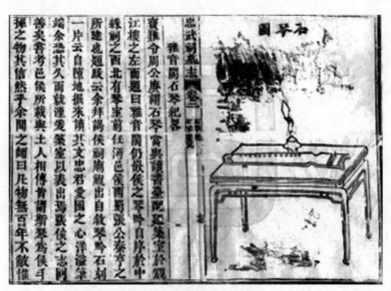

石琴图，《忠武祠墓志》书影（国家图书馆藏本）

《忠武祠墓志》书影（国家图书馆藏本）

谒武侯祠

洪成鼎

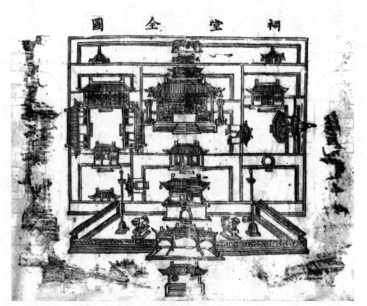

勉县武侯祠图,《忠武祠墓志》书影（国家图书馆藏本）

三顾草庐汤尹[1]遇，鞠躬尽瘁召周[2]心。

1　汤尹：商汤与伊尹。伊尹是商初的贤相，助汤伐夏桀，遂王天下。
2　召周：召公与周公。周厉王出奔后，周、召二公摄政，号称"共和"。

拜瞻祠墓辞难赞，惟有长歌杜老吟[1]。

文献来源：《忠武祠墓志》卷七。

参考文献：《昭烈忠武陵庙志》卷五。

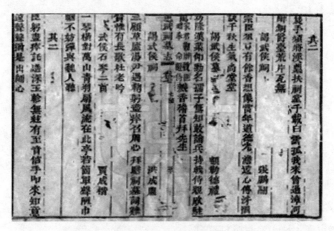

《忠武祠墓志》书影（国家图书馆藏本）

《昭烈忠武陵庙志》书影（国家图书馆藏本）

---

1 杜老：杜甫。按《旧唐书》卷一百九十下《文苑列传下·杜甫》："上元二年冬，黄门侍郎、郑国公严武镇成都，奏为节度参谋、检校尚书工部员外郎，赐绯鱼袋。武与甫世旧，待遇甚隆。甫性褊躁，无器度，恃恩放恣，尝凭醉登武之床，瞪视武曰：'严挺之乃有此儿！'武虽急暴，不以为忤。甫于成都浣花里种竹植树，结庐枕江，纵酒啸咏，与田畯野老相狎荡，无拘检。"

寄题瘦诗亭

洪成鼎

迹往诗名在，祠倾蔓草侵。

逃禅[1]原偶尔，作宦本无心。

寒瘦媲东野[2]，推敲[3]重艺林。

秋风吹冢[4]树，彷佛听孤吟。

文献来源：道光《安岳县志》卷六。[5]

1　逃禅：指遁世而参禅。

2　东野：孟郊。孟郊，字东野，湖州武康（今浙江德清）人。唐代著名诗人。孟郊与贾岛齐名。

3　推敲：（唐）贾岛的诗句"僧敲月下门"，第二字本用"推"，又欲改"敲"，思虑良久，引手做推敲状。韩愈告诉他："作敲字佳。"遂定稿的故事。见《苕溪渔隐丛话》卷一九引《刘公嘉话录》。后引喻为思虑斟酌。

4　冢：高大的坟墓。

5　按道光《安岳县志》卷八《官师表·知县》乾隆三十七年条："洪成鼎，湖南（北）应山县举人，善书。"瘦诗亭，按道光《安岳县志》卷六《古迹》载学使吴省钦《瘦诗亭记》："（贾岛墓在安岳）墓域今尚无恙。钱塘徐君观海，以郡丞摄令是邦，封树展谒。复结亭于其南，名之曰瘦诗，而乞文记其事。"又，卷八《名宦》载邹楠《徐邑侯（徐观海）德政碑》："岳阳溪而南，安泉山麓，为唐司护参军贾浪仙墓，表以碣，并翼以亭。自公别荒蔓，炳古迹，凭吊者争奔走，诗章溯石，有雅音。"唐代孟郊、贾岛之诗，清峭瘦硬，好作苦语。（宋）苏轼《祭柳子玉文》："元轻白俗，郊寒岛瘦。"故有"瘦诗"之谓。

身後名無爲盛不過應有李洞碑書莊不知起

池邊仍夜月未更秋鳳縱使吟能苦雖教何念工述　王應鵬

犀非佛子論官是仙翁除卻衙郊外詩名冀與同

殘詩亭在賈島冢前詳邱墓

肯趨殘詩亭

白術青山曲高墳小謝郵生前徙病嬌非處自道民尸

古樹燕踏厠荒剝羣銘乾坤客偃仰長配浩然亭

鳳樹潚洽羨實落寞青痕齋僧入定苦喞鬼通嘶程　邑使　吳省欽

安岳縣志　卷六　古蹟　九

羽名豨泰鳳驪首可親最韓荒尹冠盗没燕樓　邑令　黃成鼎

逺往詢名在洞帽壟章侯逸屏原偁帽作宦本無心崇

凌魏東野推誠重藝林秋風吹帘樹彷彿懸夢吟

瘦詩亭銘　巴令　徐觀海

露草團綠幕山逸霄維此枀土有唐詩人詩罷何依噓

然茲亭黃金鑄之以安其靈

瘦詩亭記

嵩篁青山之北有李白蕪甫即賈島冢郵谷詩有云曲　华使　吳省欽

道光《安岳县志》墨影（《中国地方志集成》影印本）

登读书台

洪成鼎

诗品[1]初唐重，沉雄[2]风气开。

常吟感遇什[3]，今上读书台[4]。

汶岭[5]层层出，涪江[6]浩浩来。

石幢[7]遗迹在，高咏响崔巍。

文献来源：光绪《射洪县志》卷之十六。[8]

　　1　诗品：诗的格调品位。

　　2　沉雄：深沉雄健。

　　3　什：杂；多种的。

　　4　读书台：按光绪《射洪县志》卷之三《舆地·古迹》："读书台，在县北金华山。唐陈子昂读书处久废，康熙五十一年知县唐麟翔捐廉重修，陈公像于其上。"

　　5　汶岭：无考。

　　6　涪江：按光绪《射洪县志》卷之二《舆地·山川》："涪江，县东门外，自三台县流入县界。"

　　7　石幢：古代祠庙中，刻有经文、图像或题名的大石柱。有座有盖，状如塔。

　　8　作者署"洪成鼎"，上注"国朝"。

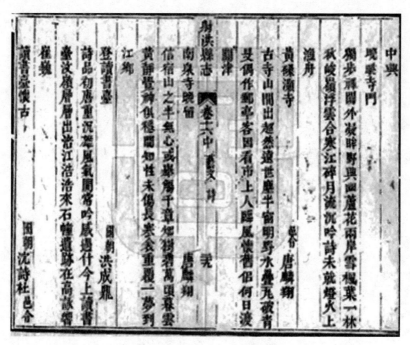

光绪《射洪县志》书影（国家图书馆藏本）

游览凌云山僧礼汀请余题句

洪成鼎

凌云[1]峰顶望峨眉[2]，遥忆苏公载酒时[3]。
满眼秋光赴奇景，摩崖[4]未敢浪[5]题诗。

文献来源：《凌云诗钞》卷五。[6]

1　凌云：按民国《乐山县志》卷二《区域一》："凌云山，城东隔江。一名青衣山，又名九顶山，宋人亦称为小九疑。山中风景绝佳，古人云'蜀山水在嘉（嘉州府），嘉山水在凌云。'东坡以'封侯识韩'品第之，非过誉也。"

2　峨眉：峨眉山。按同治《嘉定府志》卷四《山川》引《水经注》云："去成都千里，然秋日清澈，望见两山相峙，如峨眉焉，故称峨眉山。"

3　此句按民国《乐山县志》卷二《区域一》载苏轼《送张嘉州》诗："生不愿封万户侯，亦不愿识韩荆州。但愿身为汉嘉守，载酒时作凌云游。"此亦即"封侯识韩"之所谓也。

4　摩崖：山崖。多指在山崖石壁上所刻的诗文、佛像等。

5　浪：轻易；随便。

6　僧礼汀，即释达彻，按民国《重修什邡县志》卷九《人物·释道》："达彻，号礼汀，江南丹徒潘氏子也。生而颖异，不染尘嚣。少婴多病，父母寄投小九华山海师丈下为徒。落发后入蜀，诣新都宝光寺受戒，旋谒月容和尚于什邡罗汉寺，授以衣钵。遂开堂兹地，增立亭台，补修松竹，募建东西两廊，并塑五百尊者像。圆寂后宗风代衍，称颂功德者至今啧啧不衰焉。著有《语录》三卷。"另有《六泉语录》三卷，辑《凌云诗钞》八卷。

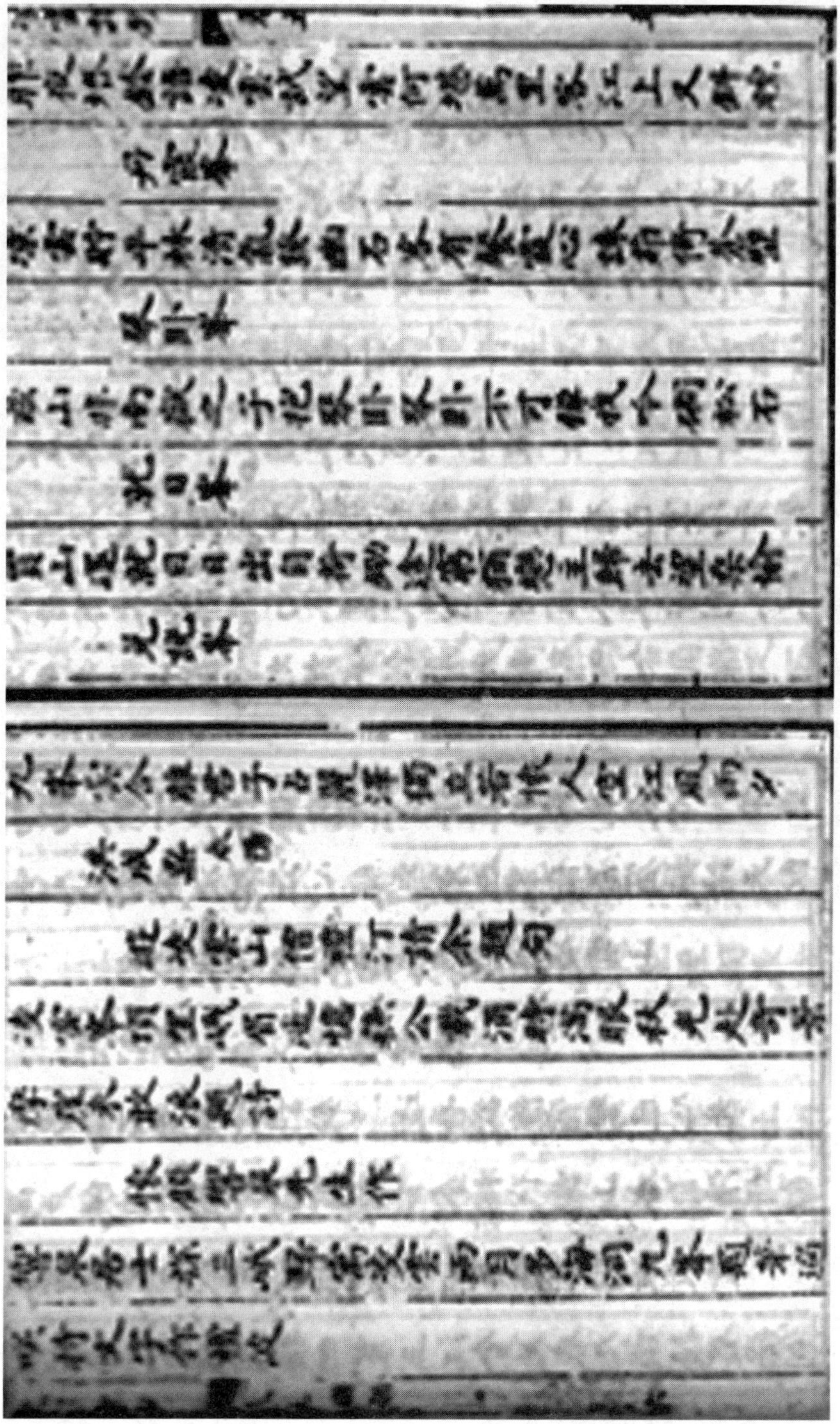

《凌云诗钞》墨影（四川省图书馆藏）

怀顾响泉先生作

洪成鼎

响泉[1]居士探三峨[2]，归寓凌云两月多。[3]

海洞[4]九峰[5]题笔遍，咲[6]持文字作檀波[7]。

文献来源：《凌云诗钞》卷五。

---

1 响泉：顾光旭号。按顾光旭，字华阳，号晴沙，又号响泉，江苏金匮（今无锡）人。乾隆十七年进士。官至署理四川按察使。著有《响泉集》。又，钱泳《履园丛话》卷六《耆旧》响泉观察条："吾邑顾响泉先生，名光旭，乾隆壬申恩科进士。以监察御史出为宁夏府知府，旋调平凉府知府，擢巩秦道，俱有惠政。总督文公绶知其贤，奏请署四川按察使，以失出罢官。归田后为东林书院山长，善诱恂恂，培养后进。能诗工书，著有《响泉诗钞》十二卷。求书必索润笔，亦甚廉。即取，以市大布，制棉衣以施寒者。凡邑中同仁堂施药、施粥、施棺诸善事，先生必力为调度，以得宜而后已。乡里称善人焉。"乾隆三十七年，征金川，顾光旭调署四川按察使，职掌三路粮饷。洪成鼎时任格节萨站（兵站）站员。

2 三峨：四川峨眉山有大峨、中峨、小峨三峰，故称三峨。

3 此句按《响泉集》卷十一《峨眉小稿》："丙申夏五（乾隆四十一年（1776 年）五月），乞假莅峨眉山中，竹杖笋舆，跻攀及顶，王逸少所谓'伯仲昆仑'者也。继而遍历汉嘉诸胜，江山淘美，心迹旷如，疾亦少瘳焉。"

4 海洞：海师洞。按民国《乐山县志》卷三《区域二》："海师洞，在凌云山大佛崖路侧。相传唐海通禅师所居。清顾响泉有《凌云山海师洞记》。"

5 九峰：九峰山。按民国《乐山县志》卷三《区域二》："凌云九顶……峰有九，故名九峰。清顾晴沙（名光旭，蜀枭也）题九峰之名镌于岩石。"

6 咲：古同"笑"。

7 檀波：即"檀波罗蜜"的简称。施主。

游蟆颐观夜雨宿观中作

洪成鼎

秋江夜雨波光滟[1]，江口浮舟转江岸。
眉州东壁山气佳，舟人指点蟆颐观。
葱茏竹树隐危楼，崒嵂[2]礓梯[3]通古殿。
舣船[4]策杖步层巅，屧齿丁丁响岩畔。
入门高榜重瞳宫[5]，四目真人宝弓弹。
证道轩皇遗迹传，丛岩金粟[6]香初绽。

1　滟：水闪闪发光。
2　崒嵂：高峻。
3　礓梯：用砖或石砌成的锯齿形斜面的升降坡道。
4　舣船：停船靠岸。
5　重瞳宫：重瞳观。按嘉庆《眉州属志》卷十一《寺观》："蜀藩王记：吾蜀之眉州有山曰蟆颐，去州七里许。山腹有龙湫，净深澄碧，白蟹、紫芝产于内。有老翁隐现不常，又谓之老人泉。传记以为轩辕氏之丹室，唐季杨太虚、尔朱先生得道之所。古有观，观中有三仙像，四目仙翁居其中。州人遇水旱札瘥，祷之无不应。昔眉之道者张远霄，一日见老翁庞眉皓首，持铁弓一，铁弹三，质钱三百千，远霄无吝色。曰：'吾之弹能辟疫疠，汝宝而用之，利益广大。'遂授以度人济世之术。张仰视翁，两目中有四瞳子，世传四目仙翁者。……为大书'重瞳观'，以易其旧额。始于成化十三年正月二十三日，成于是年三月十五日也。"
6　金粟：桂花的别名。因其色黄如金，花小如粟，故称。

中岩忽觅老人泉[1]，石池乳窦[2]寒波漫。

嵌洞时时甘露零，洒空滴沥明珠溅。

吸来一口沁心脾，两腋风生[3]冷然善。

低徊缅思起遥情，清名偶被苏翁唤。

白蟹浮沉岂易逢，金芝[4]璀璨当谁见。

荔支[5]一树尤绝奇，凉绿婆娑满庭院。

老干攒攒[6]各数围，翠叶樛柯[7]云露泫。

石纍[8]丹丸鸟雀争，浓荫歇夏弥蕃[9]变。

周游斗阁纵流观[10]，余霞返照江天眩。

道人南望认峨眉，空濛冥色疑天半。

佛光可遇不可求，尘根未尽增慨叹。

簷[11]钟乍惊山雨来，淹我游踪悲泮涣[12]。

云榻[13]一灯客梦醒，题名拂石霜毫[14]健。

1　老人泉：按嘉庆《眉州属志》卷二《古迹》："老翁井，在蟆颐山下。一名老翁泉，又为四目老人真府，唐末杨太虚、尔朱真仙皆得道于此。旁建祠，有四目老人及二仙像。东坡有诗见艺文志。康熙六年知州赵蕙芽书'老人泉'三字于石。"

2　乳窦：石钟乳洞。

3　两腋风生：(唐)卢仝爱喝茶，其《走笔谢孟谏议寄新茶》诗，有"一碗喉吻润，两碗破孤闷，……七碗吃不得也，唯觉两腋习习清风生"之句。后遂以"两腋风生"形容好茶饮后，人有轻逸欲飞之感。

4　金芝：金色芝草。古代传说中的一种仙药。

5　荔支：即荔枝。

6　攒攒：丛聚貌，丛集貌。

7　樛柯：向下弯曲的树枝。

8　纍：同"累"。繁多、重积的样子。

9　蕃变：变迁，变化。蕃，通"番"。

10　流观：泛观，约略地看。

11　簷：同"檐"。

12　泮涣：解散分离。

13　云榻：指出家人的栖身之所。

14　霜毫：白色的毫毛。此处指笔。

今宵山馆咏蟆颐[1]，明日苏祠[2]搴马券[3]。

文献来源：嘉庆《眉州属志》卷十八。

1　蟆颐：蟆颐观，按嘉庆《眉州属志》卷十一《寺观》："蟆颐观，治东七里。康熙间知州赵蕙芽、金一凤先后重修，石迳幽邃，游人多集。"

2　苏祠：三苏祠。按嘉庆《眉州属志》卷五《庙坛》："三苏祠：城西，即纱谷巷旧宅。"

3　马券：此处指马券石刻。按北宋元祐年间，苏轼任杭州郡守时，因其好友李廌（方叔）生活贫困，苏轼特将皇帝御赐之名马玉鼻骍转赠方叔，并书券为证，任其变价。后有苏轼之弟苏辙、好友黄庭坚同时为马券作诗作跋，使其益增贵重。

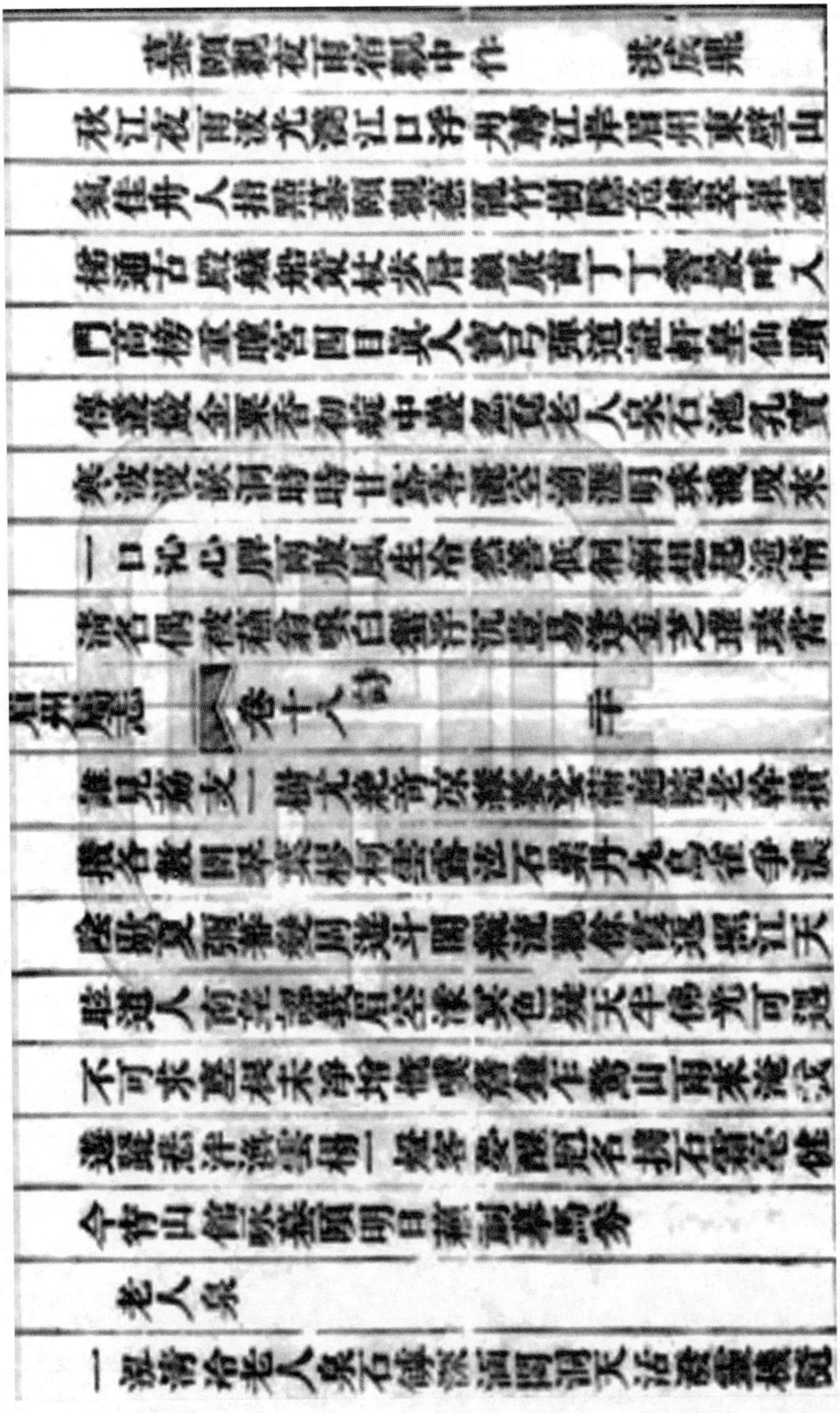

嘉庆《眉州属志》书影（国家图书馆藏本）

老人泉

洪成鼎

一泓清泠[1]老人泉[2]，石罅[3]深涵閟[4]洞天[5]。
活泼灵机随地出，苏翁[6]从此共流传。

文献来源：嘉庆《眉州属志》卷十八。

---

1 清泠：清净凉爽。

2 老人泉：按嘉庆《眉州属志》卷二《古迹》："老翁井，在蟆颐山下。一名老翁泉，又为四目老人真府，唐末杨太虚、尔朱真仙皆得道于此。旁建祠，有四目老人及二仙像。东坡有诗见艺文志。康熙六年知州赵蕙芽书'老人泉'三字于石。"

3 石罅：石缝，指狭谷中小道。

4 閟：幽深的。

5 洞天：道家认为神仙居处多在名山洞府中，因洞中别有天地，故称为"洞天"。

6 苏翁：苏轼。（宋）苏轼自号老泉。亦有以为苏洵别号者，实误。参阅（明）郎瑛《七修类稿·辩证一·老泉为子瞻号》。

游濮岩寺

洪成鼎

合阳[1]群山环，濮岩[2]最幽绝。

城郭遥在望，屏障开画册。

霜轻草犹绿，冬尽春气发。

驾言可出游，日晚风不烈。

仆从互行歌，僧衲亦随列。

旷观云物佳，崎岖转林樾[3]。

古寺踞山阿，尘外构奥宅[4]。

策杖沿危岩，扪萝[5]穷曲折。

老树根轮囷[6]，郁屈[7]抱岩骨。

石佛备诸相，巧匠竞刻劂[8]。

---

1 合阳：合州旧称。按嘉庆《合州志》卷之三《职方志·沿革》："西魏，即垫江县。治置垫江郡，以涪、汉二水合，更名合阳，改垫江县为石照县。"

2 濮岩：濮湖。按嘉庆《合州志》卷之四《建置志·岩》："濮岩：州西北五里，上有定林院。"

3 林樾：林木；林间隙地。

4 奥宅：深宅。

5 扪萝：攀援葛藤。

6 轮囷：屈曲盘绕的样子。

7 郁屈：盘屈。

8 刻劂：雕刻。

汲井漱寒泉，梯堪认篆碣[1]。

遥哉开元[2]年，题名半藓齿。

天圣[3]及淳熙[4]，一一尚可别。

因思磨岩人，讵料石剥缺。

人生驹隙间，过眼即陈迹。

涪江[5]宛转来，烟岑倏明灭[6]。

金光果有无，相期待明月。

日晡[7]憩僧房，园蔬嫩堪摘。

脱粟快一饱，何用珍馔[8]设。

归途引长啸，远响振岩穴。

江山如逆旅[9]，我即逆旅客。

悠悠日月除，休休[10]何所迫。

文献来源：嘉庆《合州志》卷之十五。[11]

1　此句：濮岩多石刻，如嘉庆《合州志》卷之三《职方志·附古碑石刻》："宋守刘象功《濮岩铭》，元祐五年镌。"

2　开元：唐朝玄宗的年号（713~741年）。

3　天圣：宋朝仁宗的年号（1023~1032年）。

4　淳熙：宋朝孝宗的年号（1174~1189年）。

5　涪江：按嘉庆《合州志》卷之三《职方志·江》："涪江：在州治前。发源嶓冢，所谓'嶓冢导漾'是也。经绵州，过潼川、遂宁、安居，至州治与嘉陵江合，谓之垫江，又名内江。"

6　烟岑：云雾缭绕的峰峦。

7　日晡：天将暮时。

8　珍馔：珍美的食物。

9　逆旅：旅馆、客舍。

10　休休：悠闲的样子。

11　濮岩寺，按嘉庆《合州志》卷之四《建置志·寺观》："濮岩寺：距城三里。古定林院。"嘉庆《合州志》卷之十五《艺文》载张乃孚《濮湖夜月》诗，有注："庚子（乾隆四十五年，1780年），尝从洪悔翁（洪成鼎）先生泛舟岩下，刻诗于石而还。"

嘉庆《合州志》书影（国家图书馆藏本）

"濮湖夜月"图1，嘉庆《合州志》书影（国家图书馆藏本）

1　"濮湖夜月"是清代"合州八景"之一。按嘉庆《合州志》卷之首《图考志·八景》濮湖夜月条："濮岩有香泉，在石龙江畔，形圆如镜，得月最先，旧名濮岩。今易以湖月，以湖为宜也。夏秋涨溢，西溪成巨浸，林峦浩渺，烟树浮沉，仿佛鉴湖景象。尝泛舟抵岩下，读悔翁（洪成鼎）香泉诗，载月而还。"

游甘泉洞

洪成鼎

　　洞[1]顶一小穴，乳泉滴落，昼夜不息，而泠然可听，奇景也。对坐久之，得二十韵：
　　造物妙难思，融结特奇纵。
　　山阿藏岩龛，崚屼豁[2]云峒[3]。
　　危厂[4]乳窦潜，细脉注皱逢[5]。
　　高源来何方，一点透窾空[6]。
　　寻丈滴石池，丁东余瑶甕[7]。
　　历落连漏沈[8]，清泠泛音美。
　　匪疾亦匪徐，刻刻[9]调自送。
　　金烁[10]旱岂枯，雪凝寒莫冻。

　　1　甘泉洞：按嘉庆《合州志》卷之三《职方志·洞》："甘泉洞：州东，过江四里。见'八景'。"
　　2　崚屼：犹嵚崎。山谷空旷貌。
　　3　云峒：高处的山洞。
　　4　厂：同"厂"。
　　5　皱逢：裂逢。
　　6　窾空：空洞，空疏。窾，同"窾"，中空。
　　7　瑶甕：玉瓮。比喻围合如瓮的山。
　　8　沈：汁。
　　9　刻刻：时时刻刻。
　　10　金烁：金石销熔。形容酷热。

渟泓[1] 不盈坎，洞酊[2] 堪饮众。

掬手滑如鈆[3]，沁齿甘若湩[4]。

碧香瀹[5] 茗新，漫浣[6] 讵足重。

倘逢桑苎翁[7]，品第当谁共。

我来坐移晷[8]，髣髴[9] 游仙洞。

希声时一闻，小啜涤幽衷[10]。

叹彼灵液钟，肯为凡亵[11] 用。

争如社鼓[12] 竞，况复壶觞哄。

缅怀如照僧，片椶[13] 坦禅诵。

前哲就厜羼[14]，戒喧有深讽。前哲胡公镌岩有记。

俯仰成古今，泉石自天供。

何当结静绿[15]，枕漱[16] 息尘梦。

文献来源：嘉庆《合州志》卷之十五。

1　渟泓：积水深貌。
2　洞酊：薄酒。
3　鈆：古同"铅"。
4　湩：乳汁。
5　瀹：同"瀹"，煮。
6　漫浣：放纵不加拘束。
7　桑苎翁：唐代茶学家陆羽的别号。
8　移晷：晷，日影。移晷指日影移动。比喻经过若干时间。
9　髣髴：似乎、好像、近似。也作"仿佛"。
10　幽衷：隐藏于内心的情思。
11　凡亵：平常的人。亵，家居的便服。
12　社鼓：古代祭神时打的鼓。
13　椶：同"棕"。
14　厜羼：山颠最高处。
15　静绿：纯绿，纯净的绿色。
16　枕漱：枕石漱流。比喻士人的隐居生活。

嘉庆《合州志》书影（国家图书馆藏本）

"甘泉灵乳"图 1，嘉庆《合州志》书影（国家图书馆藏本）

1　"甘泉灵乳"是清代"合州八景"之一。嘉庆《合州志》卷之首《图考志·八景图》甘泉灵乳条："东渡江，寻山得径，则盘折东下，崖石欹钦，有洞邃然，宛若堂奥。环以楩楠，酷热，暑不能侵。石蟆中清泉泻出，溶溶滴有声，如奏素琴。掬以煮茗，味甘而洌。夜则竹籁松涛相和不绝，胡阁部目为仙境。信哉！（张乃孚识）"

弔邹立斋先生 (步白沙先生韵)

洪成鼎

两疏[1]危言共胆寒，石城远谪路漫漫。

孤忠自矢初登第，大节何惭早盖棺。

道契白沙缘正合，事垂青史遇诚难。

至今闾里[2]还同祀，留得仪型[3]百世看。

文献来源：嘉庆《合州志》卷之十五。[4]

1　两疏：《钦崇天道疏》与《回天变疏》。见嘉庆《合州志》卷之十三《艺文志·疏》。

2　闾里：乡里，泛指民间。

3　仪型：楷模；典范。

4　邹立斋，即邹智。按嘉庆《合州志》卷之十《人物志·忠孝》："邹智：字汝愚，号立斋。年十四，举省试第一。登成化进士，授翰林院庶吉士。值星变，上疏，言'阳不能制阴，宜进君子，退小人。万安、刘吉、尹直三小人，王恕、王竑、彭韶三君子。'其言切直，触时忌，被逮系狱。谪广东石城（今廉江市）吏目，死时年二十六，谥曰'忠介'。自宋儒后接道脉之传者，于明得理学十四人，智居一焉。配乡贤。"白沙，即陈献章。陈献章，字公甫，别号石斋，广东新会县（今江门市新会区）白沙里人，故称白沙先生，世称为陈白沙。他是明代心学的奠基者。按嘉庆《合州志》卷之十三《艺文志·七言律诗》载陈献章《弔邹立斋先生》诗："江月无光江水寒，角声杳杳夜漫漫。孤儿岁月初离乳，夫子风流尽盖棺。身后岂知名可贵，世间常苦路行难。鸱夷不乱当年计，还得云门枕上看。"

嘉庆《合州志》书影（国家图书馆藏本）

游方溪寺（和文少江韵）

洪成鼎

访胜云归路不迷，芗林[1]遥与碧峰齐。

日穿隙地奔阳焰[2]，岚映虚堂苿[3]白霓[4]。

溪水分从涪水[5]合，一山高立四山低。

少江有韵还留句，游戏飞鸿印雪泥。

文献来源：嘉庆《合州志》卷之十五。[6]

1　芗林：芗林书岩。按嘉庆《合州志》卷之三《建置志·岩》："芗林书岩：州北五十里。穿石为室，壁多古篆，□宋名迹。"又，嘉庆《合州志》卷之十二《艺文志·记》载彭世仪《芗林书岩记》："芗林书岩，志载距州北五十里，人迹罕到，无能言其详者。丁酉（乾隆四十二年，1777年）冬，应山洪悔翁（洪成鼎）客合，无奇不搜，求芗林不可得。友人张霁峰以尺素召余，余大喜过望，时悔翁已归楚，迹遂中湮。"

2　阳焰：指炽热的阳光。

3　苿：通"拂"。拔除。

4　白霓：白色的副虹。

5　涪水：涪江。

6　方溪寺，按嘉庆《合州志》卷之四《建置志·寺观》："方溪寺：距城二十里。唐时修。"文少江，即文方。按嘉庆《合州志》卷之十《人物志·名贤》："文方：号少江，嘉靖进士。司李楚中，执法精严。素忤严嵩父子，及严氏败，多以附党被累，独方免。旋以疾归，举朝高其气节，疏荐之，以终母养不就。母卒，居庐不入城市。白莲贼乱，过其门，相戒勿扰。服阕，征辟屡下，至中途，以病上疏，辞归，未及而逝。祀乡贤。"又，嘉庆《合州志》卷之十五《艺文志·七言律诗》载文方《壬戌冬宿方溪寺》："百转烟萝路转迷，翠微千丈与云齐。岚根踏断霜飞月，霞影凌空井射霓。曲屈涪渝随界远，萦回星斗挂河低。流年如驶惊尘土，何日莲花出玉泥。"

丙申九月偕友人游龙游山华严寺

洪成鼎

龙游山势若游龙，蜿转林峦翠几重。

危磴盘空通净域[1]，高松传响入霜钟[2]。

台环曲水漱寒玉，壁拥横云矗远峰。

寻徧残碑归棹[3]晓，澄波如镜荡心胸。

寺左有石台，景最佳，而寺门以全石为屏，尤为奇绝。

文献来源：嘉庆《合州志》卷之十五。[4]

1　净域：佛教语。原指弥陀所居之净土，后为寺院的别称。

2　霜钟：指钟或钟声。语本《山海经·中山经》："（丰山）有九钟焉，是知霜鸣。"郭璞注："霜降则钟鸣，故言知也。"

3　归棹：返航的船只。

4　丙申，乾隆四十一年，1776年。龙游山，按嘉庆《合州志》卷之三《形胜志·山》："龙游山：州西四十五里。蟠涪江之上，其形如龙，故名。"华严寺，按嘉庆《合州志》卷之四《建置志·寺观》："华严寺：在龙游山，距城十五里。创自汉，规模宏敞，唐宋称名胜。寺前全石作屏风，方广二丈许，上成山水云烟状，天下奇观也。"

嘉庆《合州志》书影（国家图书馆藏本）

宿龙游寺即事口占

洪成鼎

登高余兴足留连，遂借云房¹一榻眠。
此夜渐长堪寂寞，我生何遇不安便²。
裤中有虱方酣舞，耳畔来蚊尚扑缘³。
忽听鸡鸣窗欲白，晨钟催响坐禅天。

文献来源：嘉庆《合州志》卷之十五。

1　云房：称僧道所居的房室。
2　安便：安适。
3　扑缘：附着。

并头莲（有序）

洪成鼎

　　乾隆戊戌[1]闰六月二日，往东渡口[2]太学[3]仲美公[4]山庄，观其荷池，朱华百朵，中现并蒂莲[5]一支。欣赏之极，得未曾有[6]，赋成一律，并书"瑞莲书屋"额赠之。

　　清泉曲沼傍林陬[7]，惊见芙蓉出并头。

　　翠盖同擎珠露重，朱华共映彩霞浮。

　　云軿[8]遥忆英皇[9]驾，仙侣如瞻李郭舟[10]。

　　香引碧筒[11]宾主洽，升堂[12]还与叙从游。

　　文献来源：嘉庆《合州志》卷之十五。

　1　乾隆戊戌：乾隆四十三年，1778年。

　2　东渡口：按嘉庆《合州志》卷之四《建置志·津梁》："东渡口：嘉陵江附郭。"

　3　太学：此处指太学生。在太学中就学的学生，后世称为"监生"。

　4　仲美公：无考。

　5　并蒂莲：即并头莲，并排长在同一根茎上的两朵莲花。

　6　得未曾有：从来不曾有过。

　7　林陬：林隅。陬，聚落、聚居之处。

　8　云軿：神仙所乘之车。以云为之，故云。軿，有帷盖的车子。

　9　英皇：帝尧之女娥皇和女英，二人皆为舜的妃子。

　10　李郭舟：（汉）郭太为李膺所重而名震京师，两人情谊深厚，同舟渡河，为众所敬美。典出《后汉书》卷六八《郭太传》。后形容知己同游，高逸不凡的风度，或表示与名人共处，多承恩遇。

　11　碧筒：指荷叶柄。

　12　升堂：登上厅堂。

仲冬泛舟游钓鱼城护国寺二首

洪成鼎

会江门[1]外水浮山，遥望鱼城杳霭[2]间。

沙燕飞飞犹惊岸（冬暖，沙燕不蛰），金滩[3]泼泼[4]正潆湾（金沙滩在波心，时水正落）。

轻舟兰桨摇寒绿，古调渔筒唱大还（时偕友人，携渔鼓[5]，唱道词[6]，绝佳）。

策杖攀崖游兴勃，拂开云雾叩禅关（时烟雾冥濛，衣袂尽湿。午后乃霁）。

---

1 会江门：合州城南门。按嘉庆《合州志》卷之四《建置志·城池》："明天顺七年，知州唐珣新筑。……门十二，东曰望江（今管驿门）、曰迎晖（今朝阳门）、曰广济（今东水门），南曰会江、曰安远（后塞）、曰阜民（今大南门）、曰文明（旧名修文）……"

2 杳霭：云雾飘缈貌。

3 金滩：金沙滩。按嘉庆《合州志》卷之三《职方志·碛》："金沙碛：会江门外。大江南，沙脊隆起如洲。见'八景'。""金滩落雁"是清代"合州八景"之一。按嘉庆《合州志》卷之首《图考志·八景》金滩落雁条："会江门外，水势合流，冲击盘旋，突起沙洲。作州捍门，朝暾射之，镠铣夺目，多麸金也。九秋水落，雁阵惊寒，而来人字初斜，唼芦直下白蘋红蓼，爪印泥沙。暮霭江烟，嘹唳澈晓，高吟沙头，杜老舟之句（张乃孚识）。"泼泼：象声词。

4 泼泼：象声词。

5 渔鼓：旧时道士唱道情用的打击乐器。

6 道词：犹道情。一种以唱为主的说唱艺术。用渔鼓和简板伴奏，原为道士演唱道教故事的曲子，用以宣扬出世思想，警醒顽俗。后来也用一般民间故事做题材。

钓鱼山[1]险据东川[2]，曾障渝涪半壁天。

万仞危岩环旧垒，百泓活水蓄层巅（山顶旧有十三池，九十九井）。

镌铭尚认淳熙古，庙祀常怀宋帅贤（寺后有忠义祠，祀余帅[3]、二冉[4]，并张[5]、王[6]二公）。

若个[7]吞争都幻梦，石嵼[8]卧佛正高眠。临江石厂，造卧佛大像，长四丈余。

文献来源：嘉庆《合州志》卷之十五。[9]

1　钓鱼山：按嘉庆《合州志》卷之三《职方志·山》："钓鱼山：州东，隔江五里。《舆地纪胜》：'涪内水在其南，西汉上流经其北。山南大石砥平，有巨人迹，相传异人坐其上，投钓江中，因以名山。'任逢诗：'虽无渭水周家望，合有严陵汉宝光。'"

2　东川：东山。参见《东山寺纪异》相关注释。

3　余帅：余玠。按嘉庆《合州志》卷之九《官师志·名宦》："余玠：字义夫，蕲州人。淳祐间为四川安抚制置使，兼知重庆府。……筑招贤馆，有谋以告者，不厌礼接。播州冉生琎及弟璞，携文武才隐蛮中，前后闻帅召不起。闻玠贤，谒府上谒玠。用其议，徙合州城钓鱼山，据蜀口形胜，积粟守之。……祀名宦。"

4　二冉：冉琎及弟冉璞。

5　张：张珏。按嘉庆《合州志》卷之九《官师志·名宦》："张珏：字君玉，陇西凤州人。年十八，从军钓鱼山，以战功继王坚为都统制，知合州。魁雄有谋，善用兵。元兵遣使招珏，反覆数百言，珏拒之。德祐元年，升四川制置使，兼知重庆府。……祀名宦。"

6　王：王坚。按嘉庆《合州志》卷之九《官师志·名宦》："王坚：咸淳中知合州，忠勇坚至，屡败元军。元军围合，坚力战以守，又杀其大将王德臣。解围，升宁远节度使。祀名宦。"

7　若个：若干、多少。

8　石嵼：高低不平的山岩。

9　钓鱼城，按嘉庆《合州志》卷之三《职方志·古迹》："钓鱼废城：宋淳祐三年，四川制置使余玠知重庆，用冉琎谋，徙城钓鱼山以拒元。元宪宗九年，亲督诸军，攻城不克。至元二年，元帅按东与宋兵战于钓鱼山，败之。四年，总帅汪良臣请立砦于毋章德山，以当钓鱼之冲。十五年，州将王立以城降。"护国寺，按嘉庆《合州志》卷之四《建置志·寺庙》："护国寺：在钓鱼城，距城八里。"

"鱼城烟雨"图，嘉庆《合州志》书影（国家图书馆藏本）

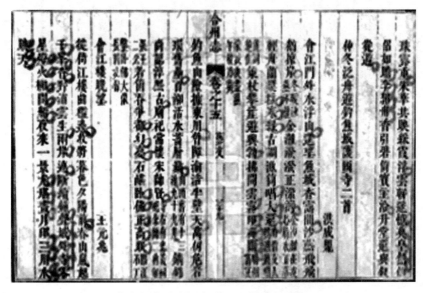

嘉庆《合州志》书影（国家图书馆藏）

龙游山景绝佳，而最妙者山顶石池，甘泉香冽，大旱不竭，悔翁因题曰"德水灵岩"，并成截句书付寺僧慈忍

洪成鼎

龙游佳胜著禅天[1]，峰作青围壑绕川。

最是上方清绝处，一池寒绿浸层巅。

文献来源：嘉庆《合州志》卷之十五。[2]

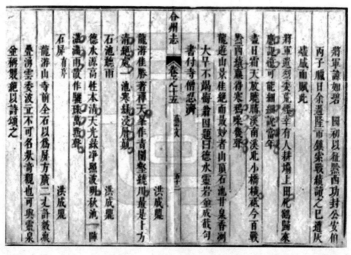

嘉庆《合州志》书影（国家图书馆藏本）

1　禅天：佛教语。指修习禅定所能达到的色界四重天（初重天至第四重天）。

2　德水，佛教语。谓功德水。慈忍，无考。

石池听雨

洪成鼎

德水源高性本清，天光绿净照波明。

秋池一阵潇潇雨，散作骊珠[1]万点声。

文献来源：嘉庆《合州志》卷之十五。

1　骊珠：古代传说中骊龙颔下的宝珠。欲取骊珠，须潜入深渊中，待骊龙睡时，才能窃得，为极珍贵的宝物。典出《庄子·列御寇》。后比喻为珍贵的事物或事物的精华、文章的要旨。

石屏 （有序）

洪成鼎

龙游山寺前，全石以为屏，方广二丈许，皴痕叠涌，云委[1]波立，不可名状。奇观也，可与灵泉并称双绝，以诗颂之：

方广崚嶒[2]树石屏，如云如篆现奇形。

天然图画惊观止[3]，作镇龙岩拥地灵。

文献来源：嘉庆《合州志》卷之十五。

1　云委：如云之委积。极言其多。
2　崚嶒：山势高峻重叠。也作"嶒棱"、"嶒崚"。
3　观止：观览到此为止。表示所见事物已达尽善尽美，无以复加。

乾隆丁酉春仲，恭谒宋道国元公莲溪周夫子神座，留题光霁堂

洪成鼎

太极图¹成道脉传，合阳过化²仰先贤。

漫言绝学难希及，光霁分明在眼前。

文献来源：嘉庆《合州志》卷之十五。³

1　太极图：旧时用以说明宇宙现象的图。有两种：一种是以圆形的图像表示阴阳对立面的统一体，圆形外周附以八卦方位，道教常用以作标志。另一种为（宋）周敦颐据《易·系辞》"易有太极，是生两仪。两仪生四象，四象生八卦。八卦定吉凶，吉凶生大业"诸语，取道家象数之说而画的，代表宋代理学对于世界形成、万物终始的一种看法。

2　过化：谓经过其地而教化其民。亦指做地方官。

3　乾隆丁酉：乾隆四十二年，1777 年。宋道国元公莲溪周夫子，即周敦颐。按周敦颐（1017~1073），又名周元皓，原名周敦实，字茂叔，谥号元公，道州（今湖南道县）人，世称濂溪先生。北宋理学家。按嘉庆《合州志》卷之十二《艺文志·记》载（清）张鲲《重修莲溪书院碑记》："宋嘉佑初，莲溪先生周子以太子中舍签书合州判官。"光霁堂，按嘉庆《合州志》卷之十二《艺文志·记》载（明）张鲲《合阳书院记》："嘉靖十一年春二月，御史按合州，彰贤瘅昧，叙礼定乐。既集事，乃作合宗书院。越二十日乙亥，院成，御史曰：'嗟元公周茂叔判非此地邪，合非此宗哉。'故大书'合宗书院'，匾其前曰'寻乐'，后曰'天余光霁'（即后世所谓之'光霁堂'）。"

嘉庆《合州志》书影（国家图书馆藏本）

丁酉春，光霁堂前植桐四株，夏秋之交，霖雨时至，新枝敏擢，且五六尺，喜而成句，树既如此，而人尚何如？并留示诸同学

洪成鼎

荣木森森植讲堂，午窗何用箑[1]迎凉。

清阴[2]满院风声远，培得菶菶[3]待凤凰。[4]

文献来源：嘉庆《合州志》卷之十五。

1　箑：用竹、羽毛等制成的扇子。

2　清阴：清凉的树阴。

3　菶菶：草木茂盛貌。

4　此句：相传凤凰非梧桐不栖。《文选·陆机〈吴王郎中时从梁陈作〉诗》："假翼鸣凤条，濯足升龙渊。"吕向注："凤鸣于梧，龙升于渊。然龙、凤皆喻东宫也。"

是岁寻乐亭周遭种竹喜见新笋

洪成鼎

手种琅玕 [1] 数十丛，高亭四面贮清风。
他时如簟 [2] 青青绿，好诵新诗念悔翁 [3]。
文献来源：嘉庆《合州志》卷之十五。[4]

1　琅玕：比喻美竹。

2　簟：竹席。

3　悔翁：洪成鼎号。

4　寻乐亭，按嘉庆《合州志》卷之三《职方志·古迹》："寻乐亭：在南津街莲溪书院。明嘉靖辛卯，御史邱道隆创，取'周子寻孔颜乐处'语以名亭。明季毁于兵。国朝康熙丙戌，吏目蔡之芳重建。乾隆十三年，知州宋锦、吏目酆作璭重修，有碑。"

卍字桂颂（有序）

洪成鼎

　　龙游山 1 寺前，内有老桂一株，轮囷 2 盘郁 3，殆一二百年物。每当花时，蕊蕊都成卍 4 字，他树则不然，即他处亦未有然者，无论合州。洵奇品也，遂拈小句 5 颂之：

　　龙游老树放花时，金粟 6 缤纷卍字奇。

　　高岭露溥 7 香近远，若人 8 闻得若人知。

　　文献来源：嘉庆《合州志》卷之十五。

　　1　龙游山：参见《丙申九月偕友人游龙游山华严寺》注释。

　　2　轮囷：屈曲盘绕的样子。

　　3　盘郁：盘曲美盛貌。

　　4　卍：佛身上的异相之一，表示吉祥无比。印度传说以为是有德者的标帜。在梵语佛经中本非字，唯在中国皆收入字书中。卍字之形诸书亦不统一，也作"卐"。音同"万"。

　　5　小句：指短的诗词。

　　6　金粟：桂花的别名。因花蕊如金色的粟点缀在枝头，故称。

　　7　溥：广大的。

　　8　若人：这个人。

重九后二日微雨，自龙游下泛舟还南津书院

洪成鼎

烟霭[1]空濛江外山，鱼城[2]指点有无间。

扁舟容与乘流兴，细雨清风一棹还。

文献来源：嘉庆《合州志》卷之十五。[3]

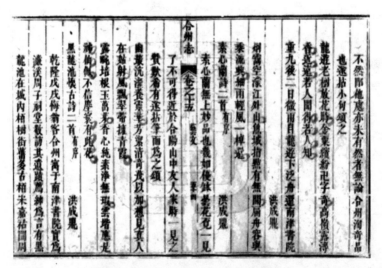

嘉庆《合州志》书影（国家图书馆藏本）

1　烟霭：尘土、云气。

2　鱼城：钓鱼城。参见《仲冬泛舟游钓鱼城护国寺二首》注释。

3　重九：农历九月九日，即重阳节。龙游：龙游山。参见《丙申九月偕友人游龙游山华严寺》注释。南津书院：按嘉庆《合州志》卷之六《学校志·书院》："南津书院：在南津街。即莲溪祠。"

素心兰诗二首（有序）

洪成鼎

　　素心兰，无上妙品也，几如优钵[1]、昙花，觅一见了不可得。近于合阳[2]山中友人家时一见之，赞叹希有，遂拈笔而为之颂：

幽蘲[3]沆瀣[4]养灵华，芳洁清奇蔑[5]以加。

想见真人在姑射[6]，风飘翠带拥青霞。

露畹培根玉茁芽，香心纯素净无瑕。

云堦[7]应是神仙佩，不信尘寰[8]有此花。

文献来源：嘉庆《合州志》卷之十五。

1　优钵：即青莲花。多产于天竺，其花香洁。又译为乌钵罗、沤钵罗、优钵剌。

2　合阳：合州的旧称。

3　蘲：同"丛"。

4　沆瀣：露气。

5　蔑：无；没有。

6　姑射：《庄子·逍遥游》："藐姑射之山，有神人居焉，肌肤若冰雪，淖约若处子。"后诗文中以"姑射"为神仙或美人代称。

7　云堦：高阶。堦，同"阶"。

8　尘寰：人间罪恶太多，故佛家称人间为"尘寰"。

黑龙池怀古诗二首 (有序)

洪成鼎

　　乾隆戊戌1，悔翁客合州，寓于南津书院2，实为莲溪周子祠堂3。数访其遗迹，荐绅4为言："有黑龙池在城内柏树街，旧多古柏。宋嘉祐间，周子签判时游而乐之。每坐池上与学者讲《易》，有黑衣叟频来窃听，众皆不觉。一夕月明，叟渐近。周子谛视之，呵曰：'汝龙也，胡来此？'叟瞿然，问公：'何所见？'曰：'汝口角涎香，非龙而何？亟退，毋惊人。'叟俯首笑去，一跃跃入水，蜿蜒5然遂不复出，池因以名。国初，州人有李将军者宅近池，围池于圃，甃6新之，中构八卦亭，极伟丽。后渐荒落。无何7，宅与圃并归他姓，而池、亭遂废，余柏亦尽。所不改者，惟一窪8止水盈盈常在耳。池深二丈余，底有石井，汜9泉仰出，居民利其涤溉，或以养鱼。今虽垫隘，填淤十之五，而大旱不涸，且廛潦10日益混浊，而灵物亦不见嘖也。凡湫11有龙者不可犯，兹独不

　　1　乾隆戊戌：乾隆四十三年，1778年。
　　2　南津书院：参见《重九后二日微雨自龙游下泛舟还南津书院》注释。
　　3　莲溪周子祠堂：参见《乾隆丁酉春仲恭谒宋道国元公莲溪周夫子神座留题光霁堂》注释。
　　4　荐绅：缙绅。古代高级官吏的装束。亦指有官职或做过官的人。荐，通"搢"。
　　5　蜿蜒：龙蛇行走的样子。
　　6　甃：砌砖。
　　7　无何：没有多久。
　　8　窪：同"洼"。低下、凹陷的地方。
　　9　汜：同"泛"。
　　10　廛：古代城市中可供平民居住的宅地。
　　11　湫：水潭。

然。其含垢养晦，不与物争，毋亦凤聆莲溪'用九勿用[1]'之教然耶?"予感其言往观，欢惋弥日。夫龙之为灵，显隐莫测，大含细入[2]，何垢何净? 世人往往遇而不识，或且疑其有无也久矣。然予观之，骊龙[3]善睡，睡辄千年，兹或者其睡正熟而未始觉耶。噫嘻! 龙兮灵兮，觉乃神兮；池兮泥兮，清有时兮。将旦暮[4]乎遇之，悠悠乎我思，爰赋以诗：

> 闻道涎垂拂座香，元公一喝黑龙藏。
> 至今池黑龙还隐，何日悬珠照讲堂。

> 昔日池亭壮古观，澄污兴废每无端。
> 浑含留得莲溪派，一窍深深井列寒。

文献来源：嘉庆《合州志》卷之十五。[5]

1　用九勿用：喻贤才遭埋没，不受重用。用九，《易》《干》卦特有之爻题。谓六爻皆九。《易·干》："用九，见群龙无首，吉。"王弼注："九，天之德也。"孔颖达疏："言六爻俱九，乃共成天德，非是一爻之九则为天德也。"高亨注："依古筮法，筮遇《干》卦，六爻皆七，则以卦辞断事，六爻皆九，则以用九爻辞断事。""用九犹通九，谓六爻皆九也。见亦读为现。爻辞言：群龙出现于天空，其头被云遮住。此比喻众人俱得志而飞腾，自为吉。"因以"用九"指奋发有为。

2　大含细入：扬雄作《太玄》，极广博而尽精微。大自天地元气，小至细微事物，无所不包。语本（汉）扬雄《解嘲》："大者含元气，细者入无间。"后以形容文章的博大精微。

3　骊龙：古代指黑色的龙。

4　旦暮：朝夕。比喻时间快速。

5　黑龙池，按嘉庆《合州志》卷之三《职方志·池》："黑龙池：在栢树街后。详《古迹》。"又，嘉庆《合州志》卷之三《职方志·古迹》："黑龙池：在栢树街后。莲溪周子判合时，讲易池上，旁一老人窃听，须史大雷雨，老人化龙去。详洪悔翁（洪成鼎）《怀古诗序》。"

读旌孝录题后

洪万贞

乾坤正气不终歇，磅礴[1]氤氲[2]间一泄。

人臣赋之励忠贞，人子禀之成孝德。

孝实百行万善之根源，不负斯称独仰韩。

韩公孝行难备举，青管[3]聊为述数端。

疗亲采药岩谷边，巨蛇不敢当其前。

但冀严君[4]目疾愈，凿冰手取鲜鱼还。

孺慕由来本天性，粪味曾尝验亲病。

舍肉思亲山右[5]时，此念常忧缺温清。

抱主弥灾情何切，仰天号泣火顿灭。

三冬庐墓[6]更悽悲，感发梨花白如雪。

1　磅礴：广大无边，混同充塞。也作"旁薄"。

2　氤氲：烟云弥漫的样子。

3　青管：指笔。

4　严君：称谓。对父母的敬称。也指父亲。

5　山右：山的西侧。特指山西省。因居太行山之右，故称。

6　庐墓：结庐守葬。古人遇父母师长过世，为表示对他们的敬爱与哀思，乃在墓旁筑茅屋守灵。

仪型[1]奕世[2]自流芳，乡党咸为阐幽光。

维我先人首其事，手书实行达天阍[3]（前公呈举孝时，贞祖指山公实首其事）。

天子见之颜色喜，敕建坊表旌闾里。

又有俎豆[4]隆馨香[5]，赫赫庙祠从享祀。

我家幸附姻亲列，维风端赖此劲节。

于今署頟[6]悬门楣，节德直循孝子辙（贞叔母系公曾孙，节守五十余年，前学宪[7]赐额"劲节维风"）。

孝行昭垂万古新，俚言[8]那得传其真。

用表葭莩[9]企慕意，从知名教[10]有完人。

邑庠生、姻世晚洪万贞乾四氏顿首拜稿。

文献来源：《旌孝录》卷三。

1　仪型：做楷模，做典范。

2　奕世：累代。《后汉书》卷五四《杨秉传》："臣奕世受恩，得备纳言，又以薄学，充在讲劝。"亦作"奕代"、"奕叶"。

3　天阍：皇宫的大门。

4　俎豆：俎和豆。古代祭祀、宴飨时，用来盛祭品的两种礼器。亦泛指各种礼器。

5　馨香：芳香。比喻德化远播。

6　頟：同"额"。匾额。

7　学宪：即学政。

8　俚言：民间俚俗的语言。

9　葭莩：芦苇中的薄膜。比喻关系疏远的亲戚。

10　名教：名分与教化。指以儒家所定的名分与伦常道德为准则的礼法。

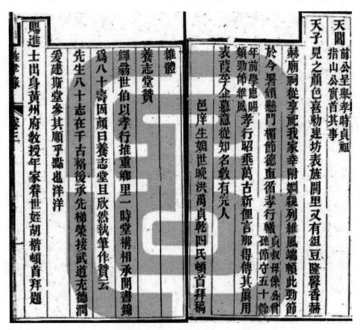

《旌孝录》墨影（国家图书馆藏本）

辑八 联选

洪起元功臣府事文录

题台湾县陈贞妇联

洪一栋

守节完名，钦弱岁[1]冰霜比操；

立孤善教，羡他年陶孟[2]同光。

文献来源：康熙《台湾县志》卷八。[3]

1　弱岁：男子弱冠之年，女子及笄之年。亦泛指幼年、青少年。

2　陶孟：喻贤母。陶母，陶侃之母。有"翦发待宾"的典故。《晋书·陶侃传》："（侃）早孤贫，为县吏。鄱阳孝廉范逵过侃，仓猝无以待宾，其母乃截发得双髲，以易酒肴，乐饮极欢。"孟母，孟子之母。有"孟母三迁"的典故。

3　原联无题，编者所加。按康熙《台湾县志》卷八《人物志·贞烈》陈氏条："陈氏者，莆田人也，配文学郑斌升为室。于归后，事公姑以孝，相夫子以顺。未几而翁姑死，斌升亦相继沦亡。氏年甫十八，遗孤周岁，尽哀尽礼，妇道妻道兼至焉。卒哭后，誓以身殉。亲邻劝之曰：'郑氏仅存一脉，汝死，将安赖？'陈三思久之，毅然以抚孤自任；躬亲女红，母子相依。郑氏宗祧得以绵衍弗替者，皆陈之功也。年三十二而卒，文人挽以诗歌，乡闾称其纯节。今其子职员候选，孙入府泮，次孙国学。而陈竟以早逝，不及身见，惜夫！康熙四十七年，台厦道王敏政、知府周元文、同知孙元衡，给'贞松劲节'之扁以旌之。五十年，同知洪一栋题以联曰：'守节完名，钦弱岁冰霜比操；立孤善教，羡他年陶孟同光。'"

文王庙大殿 (二副)

洪成鼎

一

蒙难坚贞，止敬¹立人臣之极；
观图演易²，文明开周鲁³之宗。

二

经天纬地曰文⁴，顺事小心，愬愬⁵危机终用脱⁶；

1　止敬：居止敬慎。居止，犹言起居行动。敬慎，恭敬而戒慎小心。

2　易：原作"义"，误之。《羑里城志》作"象"。演易：指周文王困羑里时推演《易》之八卦为六十四卦之事。

3　周鲁：周朝及其分封的诸侯鲁国。《易经》，由伏羲制卦，文王（周朝第一君）系辞，孔子（鲁国人）作《十翼》。系辞、《十翼》都是用来解释卦义的。

4　此句：语本《左传·昭公二十八年》："择善而从之曰比，经纬天地曰文。"后来以"经纬天地"比喻治理国家，或规划经营宏远的事业。亦可形容经国济民的才能。

5　愬愬：恐惧的样子。

6　脱：《羑里城志》误作"说"。

显微阐幽者易[1]，前民开物，炎炎劫火不能焚[2]。

文献来源：《河南名胜楹联》。

参考文献：《羑里城志》。[3]

　　1　此句：语本《易·系辞下》："夫《易》彰往而察来，而微显阐幽。"孔颖达疏："而微显阐幽者，阐，明也。谓微而之显，幽而阐也。"后因以"显微阐幽"谓显示细微之事，说明隐幽之理，使之显见着明。

　　2　此句：秦始皇三十四年，丞相李斯上言儒生是古非今，反对批评朝政、法令，因此建议除了秦记、医药、卜筮、种树等书外，一律烧毁，及谈论诗书或以古非今者皆诛戮。《易》属卜筮，得以传世。

　　3　文王庙：参见《文王庙演易台赞》注释。

玩占堂（二副）

洪成鼎

一

体乾[1]思圣学；
来复[2]见天心。[3]

1　体乾：履行天命。乾，《易经》卦名。代表天、阳等之义。象征君子应自强不息、努力永不懈怠之义。

2　来复：来回、往复。本指易道中由剥至复的过程。易经剥卦坤下艮上，仅剩上九一阳爻，卦气上升，转为坤卦，坤下坤上，一阳不余，转至复卦，震下坤上，初九一阳始生。故由剥之上九一阳将尽至复卦一阳始生，来复七爻，于时可代表七日。《易经·复卦》："反复其道，七日来复。"（唐）孔颖达《正义》："阳气始剥尽，谓阳气始于剥尽之后至阳气来复时，凡经七日。"后亦用来代表七天的循还周期。称一星期为一个来复，星期日为"来复日"。

3　天心：天帝的意志。

二

元亨利贞[1]，四德括图书理数[2]；

吉凶悔吝[3]，一言通蓍[4]卦神明。

文献来源：《河南名胜楹联》。

参考文献：《羑里城志》。[5]

1　元亨利贞：《周易》乾卦之四德。分别代表仁、礼、义、正。

2　理数：天理、天数。

3　吉凶悔吝：福祸和悔恨，多侧重于不好的事。

4　蓍：蓍草。古时取其茎以为占卜之用。

5　玩占堂：无考。玩占，占卜；研究卦象、卜辞。语本《易·系辞上》："君子居则观其象而玩其辞，动则观其变而玩其占。"

演义台

洪成鼎

乾坤[1]动则北坎南离[2]，复始[3]往来，交易[4]运阴阳之毂[5]，先天后天[6]，道[7]通为一；

屯蒙[8]起而既济[9]未济[10]，咸恒感应[11]，循环合终始之符，太极[12]三极[13]，神斡于中。

文献来源：《河南名胜楹联》。

参考文献：《羑里城志》。[14]

1　乾坤：本是易经上的两个卦名，后借称天地、阴阳、男女、夫妇、日月等。

2　北坎南离：在文王八卦中，坎卦对应北方，离卦对应南方。

3　始：《羑里城志》作"姤"，误之。

4　交易：更换、更替。

5　毂：车轮中心的圆木，周围与车辐的一端相接，中有圆孔，可以插轴。

6　先天后天：语本《易经·乾卦·文言曰》："先天而天弗违，后天而奉天时。"先天，先于天时而行事，有先见之明。后天，后于天时而行事。

7　道：指宇宙的本体及其规律。

8　屯蒙：易经上的两个卦名。万物初生稚弱貌。

9　既济：《易》卦名。六十四卦之一。离下坎上。指皆济，已完。

10　未济：《易》卦名。六十四卦之一。离上坎下。指未成，没有成功。

11　咸恒感应。语本《易经·咸》："二气感应以相与。"

12　太极：《易经·系辞上》："易有太极，是生两仪。"天地混沌未分以前，称为"太极"。

13　三极：《易经·系辞上》："六爻之动，三极之道也。"天、地、人。

14　演义台：参见《文王庙演易台赞》注释。

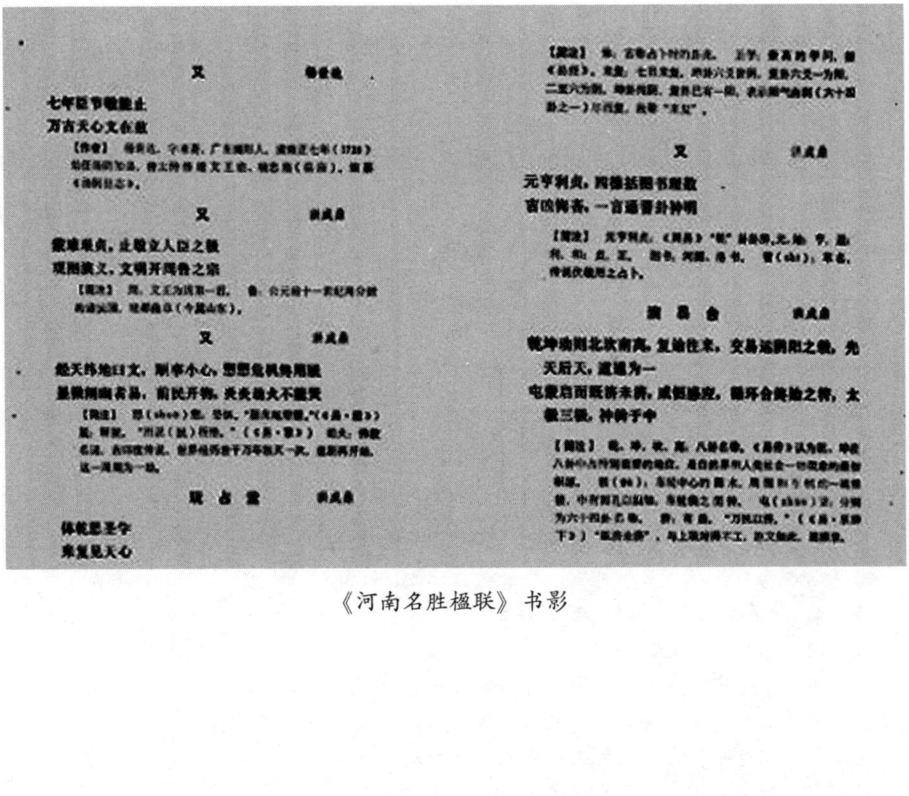

《河南名胜楹联》书影

北地王座前联

洪成鼎

不降其志，不辱其身；

不愧于天，不怍[1]于人。

四川安岳令、应山洪成鼎题。

文献来源：《昭烈忠武陵庙志》卷二。[2]

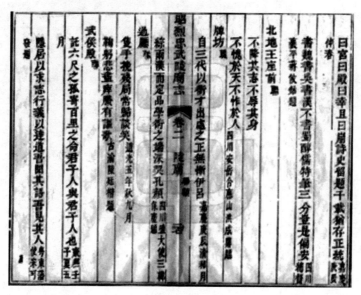

《昭烈忠武陵庙志》书影（国家图书馆藏本）

---

1 怍：惭愧。

2 北地王，参见《北地叹》注释。

张方崖先生挽联

洪成鼎

苏民待泽尤翘足[1]；乡士闻风尽失声[2]。

文献来源：嘉庆《合州志》卷之十四。[3]

嘉庆《合州志》书影（国家图书馆藏本）

1　翘足：踮着脚，形容盼望殷切的样子。

2　失声：因悲伤过度以至泣不成声。

3　原联无题，编者所加。按嘉庆《合州志》卷之十四《艺文志·补遗》载（清）冯镇峦《张方崖先生传》："方崖先生，姓张氏，讳衡猷，方崖其别号，吾合名进士也。先世由湖北孝感迁蜀……安岳令、应山洪悔翁辄之曰：'苏民待泽尤翘足；乡士闻风尽失声。'"张方崖即张衡猷，按光绪《合州志》卷十《人物志·乡贤》："张衡猷：字方崖。生而聪颖，博及群书。孝事继母，族里无间言。乾隆辛巳成进士，授江苏新阳知县，洁己爱民，政尚宽和。会以失察书役被议挂冠，贫不能归，同寅敛赀助之抵家，踰岁卒。"张方崖是张乃孚的父亲。

辑九　杂录

洪起元功臣府事文录

访扬子云墓后更吟一绝报洪子镇大令（有序）

查 礼

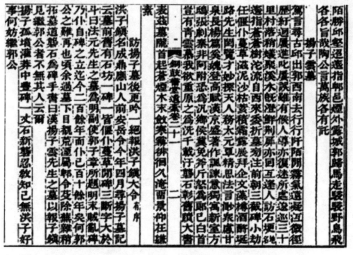

《铜鼓书堂遗稿》墨影（《清代诗文集汇编》影印本）

　　洪子镇，名成鼎，应山人，前安岳令。今年[1]四月寻扬子墓，记云："墓前旧有石坊一，碑一，皆偃仆[2]蔓草间。碑三断，字大于斗，曰'法元先生

　　1　今年：乾隆四十一年（丙申），1776 年。按《铜鼓书堂遗稿》卷二十一系年为："丙申（十一月起）"。

　　2　偃仆：倒下。

之墓',为明副使郭子章[1]所题。明末贼乱,碑乃仆。自碑之立,迄今二百余年,而仆已百十余年矣,何郭公之难再也?"顷余过墓下,目观荒湮,属郫令芟除[2]芜杂,稍拓墓道,砻石[3]为碑,手书曰"汉扬子云先生之墓"。以报子镇见继郭公者,不无其人云尔。

　　扬子孤坟灌莽中,丰碑一丈石新砻。

　　忍教知己无洪子,好事何妨继郭公。

　　文献来源:《铜鼓书堂遗稿》卷二十一。[4]

作者简介

　　查礼(1716~1783),字恂叔,又字俭堂,号铁桥,别号铁崖,顺天府宛平县人。官至四川布政使、湖南巡抚。著有《铜鼓书堂遗稿》等。

　　1　郭子章(1542~1618):字相奎,号青螺,自号蠖衣生,江苏泰和人。隆庆五年进士。累仕至贵州巡抚,进太子太保、兵部尚书。著述甚富。

　　2　芟除:除去、消灭。

　　3　砻石:墓碑。砻,通"垄"。

　　4　扬子云墓,按乾隆《郫县志》卷之七《人物志·坟墓》:"扬雄墓:在城西二十里。明郭子章作碑记,载《艺文》。"扬雄(前53~前18年),字子云,蜀郡成都人。西汉文学家、哲学家、语言学家。大令,古代县令的尊称。

秋日送洪悔翁先生归湖北

张乃孚

风雨逗半空，叶飞江上枫。

骊歌[1]一杯酒，前途穷不穷。

昔出图吾君，为政迥不群。

襟期[2]付慷慨，脱剑[3]请从军。

叱驭入羊肠，谈笑披雪霜。

蛮关旧风景，一一归诗囊。

忽然决去[4]就，侨居莲溪右。

门墙桃李新，绛帐[5]春风透（莲溪周子旧为合州判官，后人立祠，是为莲溪书院。先生居合，掌教凡五年）。

兴假琴书传，奇文手自镌。

官贫不为累，一斗复陶然。

家居近相傍，时得亲函丈[6]。

1　骊歌：离别时所唱的歌。

2　襟期：襟怀、志趣。

3　脱剑：解下佩剑。
比喻弃武修文。语出《礼记·乐记》："裨冕搢笏，而虎贲之士说剑也。"说，通"脱"。

4　决去：辞别离去。

5　绛帐：讲座或师长的美称。也称为"马帐"。

6　函丈：对老师的尊称。因旧时讲席间相隔一丈，以容人听讲，故有此称。

讲易[1]且吟诗，雄怀老益壮。

先生尝自言，才拙愧诸昆。

今日赋归去，无钱却有孙。

历历汉阳路，快快怕言去。

怪石米家船[2]，先生有石癖，迢遥宿何处。

衡山起翠微，徜徉乐无违。

科头[3]闲啸傲[4]，今是而昨非。

我学犹迟迟，闻归无限思。

回想春风座，愁听秋风吹。

秋风吹行客，秋柳不忍折。

那堪师弟[5]情，千里惜离别。

别离情何限，临岐[6]不忍放。

巴山楚水间，镇日[7]遥相望。

文献来源：光绪《合州志》卷之十五。

1　讲易：讲授《易经》。
2　米家船：北宋书画家米芾常乘舟载书画游览江湖。
后常以"米家船"借指米芾的书画。
3　科头：谓不戴冠帽，裸露头髻。
4　啸傲：旷达任性，不受拘束。
5　师弟：师父和徒弟，老师和学生。
6　临岐：本为面临歧路，后亦用为赠别之辞。
7　镇日：整天。

光绪《合州志》墨影

作者简介

张乃孚，字西村，四川重庆府合川县（今重庆市合川区）人。乾隆举人，曾任蓬州教谕。著有《小白华山人文集》《小白华山人诗钞》，主纂《合州志》。

游甘泉洞（次石碣洪悔翁先生韵）

张乃孚

　　曩[1]从悔翁先生游甘泉洞，先生有诗题壁，旋刻石而去。孚浪迹南北，未过问也，今忽忽十余稔[2]矣。旧地重游，循读手迹，嘅然[3]有作。

何年凿云根[4]，天然破荒纵。

渡江得奇境，危厂[5]豁深峒。

携侣游其中，何异虬处逢。

竹楼尘虑[6]蠲[7]，池影道心[8]空。

钟乳从天来，不竭注宝瓮。

初讶朱玉溅，旋听琴筑[9]弄。

环檐引竹筒，丁东[10]昼夜送。

旱虐源不枯，寒凝冰解冻。

1　曩：从前、往日。

2　稔：年。

3　嘅然：感慨的样子。

4　云根：唐宋诗人多称山石为"云根"。

5　厂：同"厂"。山边岩石突出覆盖处，人可居住的地方。

6　尘虑：犹俗念。

7　蠲：免除。

8　道心：求道之心。

9　筑：古击弦乐器。已失传，大体形似筝，颈细而肩圆。演奏时，以左手握持，右手以竹尺击弦发音。

10　丁东：状声词。形容佩玉撞击声或风铃声等。也作"丁冬"、"叮冬"、"叮咚"。

在山味清凉，解热足饮众。

凝滑疑石髓[1]，甘冽敌酪湩[2]。

呼童烹荈[3]尝，簏[4]泉堪引重。

谁剖调水符[5]，当与幽人共。

坐久暑全消，恍入南山洞（南山有乳洞）。

小啜沁诗脾，息静渺虚衷。

惜此造物秘，未邀陆羽用。

唅呀[6]孕空灵，招隐戒喧哄。

寻绎[7]迁客[8]吟，冷琅高衲诵。

莫负洞中意，深凛昔贤讽。

响答莲漏[9]幽，品珍军持[10]供。

漱石复枕流[11]，蘧蘧清蝶梦[12]。

文献来源：民国《新修合川县志》卷六十三。

1　石髓：即石钟乳。古人用于服食。也可入药。

2　酪湩：酪乳。湩，乳汁。

3　荈：茶的老叶。

4　簏：盛箭用的器具。以竹、木或兽皮等制成。引重：互相推重。

5　剖符：剖分信符。汉朝封功臣时，将作为信物的符节，剖分为二，一分交给受封者保存。

6　唅呀：犹谽谺。山谷空旷貌。也作"崦岈"。

7　寻绎：更替、推移。

8　迁客：因罪而流徙他乡的人。
常指遭贬迁的官员。

9　莲漏：古时一种莲形计时器。

10　军持：源于梵语。澡罐或净瓶。僧人游方时携带之，贮水以备饮用及净手。后亦指形略扁、双耳可穿绳、能挂在身上的陶瓷水瓶。

11　枕石漱流：以山石为枕，以溪流漱口。语本南朝（宋）刘义庆《世说新语·排调》："孙子荆年少时欲隐，语王武子'当枕石漱流'，误曰'漱石枕流'。"形容高洁之士的隐居生活。

12　蘧蘧：悠然自得貌。

合阳竹枝词（记取题名念悔翁）

张乃孚

怀古苍茫云水中，
会江门[1]外雨蒙蒙。
少陵题句[2]襄阳格[3]，
记取题名念悔翁。

工部诗："江花春尽会江楼"。洪悔翁先生书"古会江楼"四字揭之楣，摹米最工。

怀古苍茫云水中，会江门外雨蒙蒙。少陵诗句襄阳格，记取题名念悔翁。工部诗："江花春尽会江楼"。洪悔翁先生书"古会江楼"四字揭之楣，摹米（指宋代大书法家米芾）最工。

《中华竹枝词》书影

文献来源：《小白华山人诗钞》卷四，引自《中华竹枝词》。

1　会江门：参见《仲冬泛舟游钓鱼城护国寺二首》相关注释。又，嘉庆《合州志》卷之三《职方志·古迹》："会江楼：即会江门城楼。杜甫有诗。"

2　少陵题句：按嘉庆《合州志》卷之十五《艺文志·诗》载（唐）杜甫《短歌行·送祁录事归合州因寄苏使君》诗："前者途中一相见，人事经年记君面。后生相劝何寂寥，君有长才不贫贱。君今起柂春江流，余亦沙边具小舟。幸为达书贤府主，江花未尽会江楼。"

3　襄阳格：按嘉庆《合州志》卷之十《人物志·流寓》洪成鼎条："字效米南宫（米芾，襄阳人），得其遗意。有石癖，颇亦相垺。"又光绪《合州志》卷之三《职方志·古碑石刻》："唐李阳冰碑：在旧署前。篆'积善之家，必有余庆'八字，镌碑四块，字大二尺。岁久剥落'之家'二字，乾隆四十二年，安岳令、应山洪成鼎摹补。今移明伦堂右。"

合州甘泉洞（次洪悔翁）

释昌言

太初[1]凿混沌，乾坤亦豪纵。

岩厂[2]辟荆榛，棲霞连松栋[3]。

磅礴[4]覆屋巅，天衣妙无缝。

石髓[5]云根[6]静，何山生阙空。

神镵[7]兼鬼削，镈漏[8]滴银甕。

不闻虎跑趵[9]，偏有龙吟弄。

屋上欲鸣泉，都似谷风送。

微凉溅雨丝，余溜活冰冻。

譬彼菩提珠[10]，饮我苾蒭[11]众。

1　太初：上古时代。

2　厂：同"厂"。山边岩石突出覆盖处，人可居住的地方。

3　松栋：指华屋。

4　磅礴：广大无边，混同充塞。

5　石髓：即石钟乳。古人用于服食，也可入药。

6　云根：唐宋诗人多称山石为"云根"。

7　镵：刺，凿。

8　镈漏：裂缝、漏洞。镈："镈"的讹字。裂，开裂。

9　趵：用脚踩踏。

10　菩提珠：念佛的数珠。

11　苾蒭：即比丘。本西域草名，梵语以喻出家的佛弟子。为受具足戒者之通称。也作"苾刍"。

醍醐灌顶[1]香，法缘[2]灵乳湩[3]。

偶开甘露门[4]，游人复珍重。

谁分调水符[5]，应与东坡共。

洪公袖笔来，如题玉女洞。

井甑漾绿云，井冽愜素衷。

奚俟军持[6]汲，欲为瓶笙[7]用。

如照[8]老名宿，遗迹传虚哄。

锦字刻贞珉[9]，今古诗堪诵。

我来见题痕，一咏复三讽[10]。

笑问载酒[11]人，天厨[12]助妙供。

为悟活源头[13]，好纪游仙梦。

文献来源：民国《新修合川县志》卷六十三。

1　醍醐灌顶：将牛奶中精炼出来的乳酪浇到头上。佛家以此比喻灌输智慧，使人得到启发，彻底醒悟。亦可比喻令人感到清凉舒适。

2　法缘：与佛结缘，即皈依三宝之意。

3　乳湩：乳汁。

4　甘露门：佛教语。喻超脱生死，引入涅槃的无上妙法。

5　分符：犹剖符。谓帝王封官授爵，分与符节的一半作为信物。

6　军持：源于梵语。澡罐或净瓶。僧人游方时携带之，贮水以备饮用及净手。后亦指形略扁、双耳可穿绳、能挂在身上的陶瓷水瓶。

7　瓶笙：古时以瓶煎茶，微沸时发音如吹笙，故称。

8　如照：如照僧。无考。

9　锦字：喻华美的文辞。贞珉：石刻碑铭的美称。也作"贞珉"。

10　讽：诵。

11　载酒：（汉）扬雄家贫，酷嗜饮酒，时有好事者载酒肴向他学习，而刘棻尝从雄学奇字。见《汉书》卷八七《扬雄传下》。后用以比喻人勤学好问。

12　天厨：天子的庖厨。

13　活源头：源头活水。语本（宋）朱熹《观书有感》诗："问渠哪得清如许，谓有源头活水来。"原比喻读书越多，道理越明。现也指事物发展的动力和源泉。

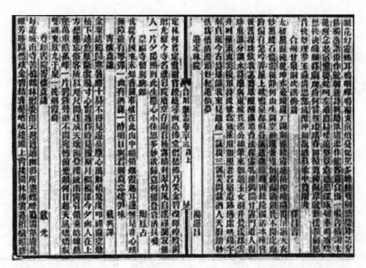

民国《新修合川县志》墨影（《中国地方志集成》影印本）

作者简介

　　释昌言（1808~1862），僧人，俗姓万，名文林，号虎溪，长寿县人。因看破红尘，22 岁皈依佛门，在华蓥山伏虎寺练武习文。8年后，不但武艺超群，而且能诗善文，成为华蓥山有名的诗僧。著有《虎溪诗稿》一、二卷，计 300 余首诗。并组织编纂《华蓥山志》共四卷。清同治元年（1862 年）八月圆寂，葬宝鼎山麓。

再至应邑寓开国功臣府之锡善堂

刘璞

开国功臣锡善堂[1]，至今余庆[2]尚流芳。

择邻有幸依贤母，又觌[3]门前百岁坊。府为都督洪起元故居，今裔孙洪万贞为其母杨安人[4]建百岁坊。余谒安人，师事之。

文献来源：《林下诗存》卷四。

1　按林传甲《锡善堂教子记》："湖北省应山县城内理学街功臣府之西园有锡善堂焉，康熙时都督洪起元所建筑，编修程芳朝所题额也。"

2　余庆：遗及子孙的德泽。

3　觌：古同"睹"。

4　杨安人：按林传甲《锡善堂教子记》云："（洪万贞）先生母杨氏，乃前明忠臣杨涟之玄孙女，年已九十余。先妣师事之。及太师母享年百有二岁，建百岁坊，大宴宾客，传甲始能奔走执事于其间。吾母之所以教子者，盖师法洪杨为多。"又，林传甲《大中华湖北省地理志》第五十四章《湖北人民之言语》："'小时不动，大来无用。'应山节孝百岁妪洪杨太安人，论儿童游戏，深合体育原理。"安人，妇人封赠的号，宋代朝奉郎以上封安人，明、清六品封安人。后为对夫人的尊称。

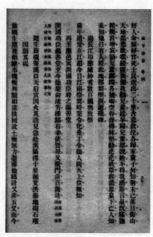

《林下诗存》书影

作者简介

刘瑟，字邦媛，号蜀生，晚号林下老人。原籍湖南巴陵，生于四川邛崃。自幼饱读诗书，博学多才。其夫林文钊，字郦生，福建闽侯人。先任应山典史，后调署平靖关巡检，卒于官。此后，刘氏携女林贵馨，子林传甲、林传树、林传台及乳母万贾氏寄居应山开国功臣府锡善堂。12 年后，时值武昌兴学，应聘至武昌办学，又去衡阳，后回福建。晚年应聘去奉天，任女子师范学校监督。民国二年，创办黑龙江女子教养院，并任院长。著有《林下诗存》，编有《女子历史》等传世。

锡善堂教子记

林传甲

　　湖北省应山县城内理学街功臣府之西园有锡善堂焉，康熙时都督洪起元所建筑，编修程芳朝[1] 所题额也。先妣林下老人守志，教传甲及传树、传台两兄弟于此，[2] 凡十二年未尝迁居。自光绪癸未[3]至甲午[4]，传甲自六岁至十七岁，皆寄居于此，世人未之知焉。

林下老人（右二）与林传甲、林传树、林传台三兄弟（《林下诗存》书影）

　　1　程芳朝（1611~1676）：初名钰，字其相，号立庵，安徽桐城人。顺治四年榜眼，授编修，迁秘书院修撰，转左春坊左谕德，晋国史院侍读学士，詹事府少詹事。康熙五年特任册封安南正使，后转太常寺卿。著有《太常集》。

　　2　参见《再至应邑寓开国功臣府之锡善堂》相关注释。

　　3　光绪癸未：光绪九年，1883 年。

　　4　甲午：光绪二十年，1894 年。

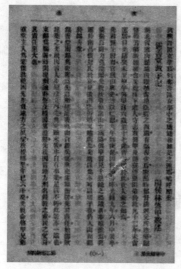

《中华妇女界》月刊书影

先君丽生府君[1]，官应山典史，治狱仁恕，九年无瘐犯。因督捕劳瘁，光绪九年六月中暑卒。债台百级，力莫能归，先妣扶遗榇[2]出山[3]。至汉阳，传甲习见十里铺之筑坟者亦嬉戏焉，再迁于南昌，依舅氏于官，见赣商之衒耀[4]又嬉戏焉。先妣以为不可以居子也，仍入山而隐于锡善堂。

锡善堂南邻典史署，为先君所建筑。盖应山自经兵燹，典史遂无衙署，先君莅任，始筹款建筑之。先妣因言："人生须建立事业，典史虽末秩，亦自有事业，足以不朽。"此署亦一端也。东邻为县署，时闻理刑敲扑声，及粮房算盘声。先妣因言："地方刑名、钱谷之重，民之父母，其责任至大也。"

兹堂主人为老儒洪乾四先生，负地方之夙望，教授乡里，年已

1　丽生府君：林文钊，字丽生，福建闽侯人。官应山典史，调署平靖关巡检，卒于官。通典籍，明历算，著有《算学纪闻》。

2　榇：棺材。

3　山：指应山县。

4　衒耀：炫耀。衒，同"炫"。

六十矣，先姚命传甲兄弟师事之[1]。先生兼管保甲、团练、义仓、义学，公益事极繁，传甲见习之，因知地方自治之事业。先生母杨氏，乃前明忠臣杨涟之玄孙女，年已九十余，先姚师事之。及太师母享年百有二岁，建百岁坊，大宴宾客，传甲始能奔走执事于其间。吾母之所以教子者，盖师法洪杨为多。

堂前为园林，有椿树一，梧桐树一，皆蔽芾[2]参天；桑数株，可以养蚕。左倚修竹百余竿，右有老桂一，围以花墙，传甲兄弟分区植物为菜圃，为花园。堂后有槐一，腊梅一，葡萄架一。堂东有枣一，柿一，木海棠一，南天竹一。因此多识草木之名。家庭藏书以《植物名实图考》为最博，凡六十钜册。先姚教子时，一草一木亦必考订精详。其后传甲流为考据《骈雅》，传树、传台皆以医药名于时，胥[3]赖儿时直观教育之实验，有以成之。

四十年前，南方教儿童识字必用方字，惟吾母教方字，则择对待字书于两面，上下、大小、左右之类，凡五百余。而后是非曲直之辨，圣狂贤佞之分，皆晓然于心。其后作诗赋骈文，于对仗尤俯拾皆是，谬获幼慧之名，早迷谋生之路。考书院，就书启，投稿报馆，弋取[4]科名，观时局之翻覆，治乱之倚伏，皆得力于识字时之慈训也。商务印书馆所出《看图识字》《五色方字》，仍不如对待方字之有益。余拟俟暇时，辑成《对待方字》，交中华书局印行之，或可为家庭教育之助也。

1　按孝感邓鼓翔《大中华湖北省地理志序》："乡贤洪乾四耆年讲学，闽侯林氏三子从之。传甲儒而商，传树佛而医，传台道而农，先生因材施教，循循不倦。今传甲名满天下，传树业重京师，传台拓殖塞外，而洪先生成器之训，不徒为楚学光矣。"
2　蔽芾：茂盛的样子。
3　胥：皆、都。
4　弋取：获取。

欧母画荻[1]，柳母和丸[2]。儿时读罢《龙文鞭影》，先姒即令画沙作字，并采苦菜为羹，曰："师古人须师其意，并求其用也。"

吾母尝言："孔子者孔母之子也，孟子者孟母之子也，皆孤儿也。大圣大贤，皆为孤儿，可不勉乎？"晚年著有《建孔母祠议》一篇，刊于山西《宗圣汇志》。在锡善堂时，奉至圣先师孔母之位，以亚圣孟母为配，伏班欧柳以下若干人从祀焉。

当时洋布输入未甚，应山纺织业尚为生业大宗，足以自立。先姒率乳母万贾氏、先姊桂馨力作，以给饔飧[3]，未尝匮乏。传甲侥幸名场，为教育奔走。又二十年，积束修[4]以奉母，而母亦两次出关，振兴女教。传甲一切禀命而行，在黑龙江教育已十年，使黑龙江之进化比于内地。盖在应山读书十二年不迁，乃能学得"有恒"二字也。而女生会葬[5]于先姒墓前千二百人，师范、中学、职业、教养、小学俱备，先姒所谓化身千万是也。传甲讲学蒙古，游迹无方。清明时节，思亲涕下，敬述斯篇，以告中华妇女界。开榛开莽[6]，穷塞春回，又将率妻女以谋蒙古女子教育焉。

文献来源：《中华妇女界》第 2 卷第 4 期。[7]

1　欧母画荻：（宋）欧阳修早岁丧父，母郑氏督教甚严，家贫无纸笔，尝以荻画地教子。事见殴阳修《泷冈阡表》。

2　柳母和丸：（唐）柳仲郢幼嗜学，母韩氏用熊胆和制丸子，使郢夜咀咽以提神醒脑。

3　饔飧：饔，早餐。飧，晚餐。饔飧指熟食。

4　束修：老师的酬金。

5　会葬：聚集众人前往送葬。

6　榛莽：杂乱丛生的草木。

7　冯小波先生提供该篇文献线索，在此致谢。

洪起元（一，附洪一栋）

洪起元（1622~1696）[1]，字瑞芝。应山人。清初将领。顺治二年（1645年），清军下九江，应募从军，授千总。屡立战功，擢署游击，隶属江西总兵金声桓。顺治五年，金声桓反清，洪起元率所部470人奔赣州，归巡抚刘武元，随从征讨金声桓及广东李成栋等。康熙八年（1669年），迁武昌参将。十二年，以副将衔驻宁波。十三年，耿精忠反于福建，率军征剿。十四年擢都督同知，寻授严州副将。十五年，进左都督。二十一年以病乞归。二十七年（1688年），为防止江夏（今武昌）哗变士兵入境，曾募集丁壮守邑。

洪一栋，字石臣[2]。洪起元子。应山人。清朝官员。弱冠为诸生，慷慨喜言兵。康熙十三年（1674年），耿精忠于福建反清。其父正驻军宁波，奉命征讨耿军。洪一栋募里中壮士何喜等150人至宁波，随营征战。自为一队，每战则胜。荐保同知。康熙二十一年，父病，送父归乡。所募乡壮全部遣还，不失一人。二十七年（1688年），江夏（今武昌）兵变首领夏逢龙逼近应山，随父募勇守邑。其父1696年死后，起授台湾海防同知。凡有不便于民者悉除之，革水口商船私费，免逃亡丁赋，岁荒平粜，招商人运米入台。三年任

1　洪起元生年，一说1621年。参见《洪都督公家传》（《水南灌叟遗稿》本）。

2　洪一栋，字硕庵，号石臣。参见《严陵洪氏统宗谱》卷之尾及《洪郡司马传》。

满，民请留。再任三年后复留。任九年，卒于台，台民为之停市致哀。

文献来源：《湖北省志人物志稿》第 4 卷。

洪起元（1622～1696） 字瑞芝。应山人。清初将领。顺治二年（1645 年），清军下九江，应募从军，授千总。屡立战功，擢署游击，隶属江西总兵金声桓。顺治五年，金声桓反清，洪起元率所部 470 人奔赣州，归巡抚刘武元，随从征讨金声桓及广东李成栋等。康熙八年（1669 年），迁武昌参将。十二年，以副将衔驻宁波。十三年，耿精忠反于福建，率军征剿。十四年擢都督同知，寻授严州副将。十五年，进左都督。二十一年以病乞归。二十七年（1688 年），为防止江夏（今武昌）哗变士兵入境，曾募集丁壮守邑。

《湖北省志人物志稿》书影

洪一栋 字石臣。洪起元子。应山人。清朝官员。弱冠为诸生，慷慨喜言兵。康熙十三年（1674 年），耿精忠于福建反清。其父正驻军宁波，奉命征讨耿军。洪一栋募里中壮士何喜等 150 人至宁波，随营征战。自为一队，每战则胜。荐保同知。康

《湖北省志人物志稿》书影

洪起元（二，附洪一栋）

　　洪起元（1621～1696）[1]，字瑞芝，号义庵，城关人。行伍出身。身材魁梧，方颐大耳，长身，猿臂，善射，好谈兵事。清顺治二年（1645），应募投军，授千总，屡立战功，擢升游击，隶属江西总兵金声桓。五年正月金声桓反清，他率所部入赣州，归属巡抚刘武元，参与平定金声桓及广东总兵李成栋的反清活动。继又参与镇压郑成功的抗清斗争。康熙八年（1669）擢升武昌参将，旋调永州。十二年改任浙江宁波参将加副将衔。十三年藩王耿精忠踞福建反叛，邀他参与，他拒绝引诱，旋奉命剿叛，屡立战功。后叛将曾养性进犯台州，他出城拒战，喉部中鸟枪铅丸，仍力战不已。十四年晋升都督同知，寻授严州副将，统兵进攻遂安，先后五捷，斩获甚多。十五年七月，开化叛将白显忠以官爵引诱他，他怒打来使，即率军攻打开化，四战而克，招降叛将三百余人，兵一万二千余人，安抚流民二万余人；九月，康亲王进军福建，耿精忠投降，他率军抚剿虎州[2]、温州的余党，收复方和、松阳、龙泉三城。十八年以战功晋升左都督。二十一年以病解任归籍。其时应山除正赋外，杂派、差役甚重，民多逃亡，他请求知县任启元免除。二十七年夏逢龙率被裁兵卒起事，进逼应山，他组织团勇拒守，县城得以保全。自为官

　　1　洪起元生年，一说1622年。参见《洪都督公家传》（同治《应山县志》本）。
　　2　虎州，应作"湖州"。

后，家巨富，有田 5000 亩，家丁 200 人，捐资在应台山建任公祠，又在祠前专建金星阁，题为"洪起元特建护国助战金星阁"，并重修大慈庵。二十八、九年两年连荒，出粟千石助赈，又私设粥厂数月，附近 6 县的人多来就食。

洪一栋，字石臣[1]。洪起元子。亦善骑射，好谈兵事。17 岁时从应山带自募自训的 150 人到浙江随父从军，自为一队，号线枪手，每战必胜，敌望见皆惊逃，说："洪家父子敢死军来也。"康熙二十一年随父还家。亦乐善好施，父亡后，将田半数减价出卖。康熙四十八年（1709）以例选，出任福建台湾府海防同知，废除港口稽查人员私人收贿后才予放行的旧规，船到即验行，以便商运；饥年听任商船运米入台，平价出售，以便民食，民商均得其惠。三年任满，百姓挽留，共留任九年。五十六年（1717）冒暑巡海，病死于任所。"台湾民巷哭罢市"，"请祀名宦祠，得如请。"

文献来源：《应山县志》。

《应山县志》书影

1　洪一栋，字硕庵，号石臣。参见《严陵洪氏统宗谱》卷之尾及《洪郡司马传》。

洪家大屋

胡艳涛

　　洪家大屋，为坊间对"开国功臣府"的俗称，在理学街，规模甚大。民国十七年（1928年）出版的《湖北省一瞥》叙及："（应山）城内居民不密，商务不盛；而世家很多，有杨家大屋、洪家大屋。"杨家大屋为明左副都御史杨涟故居，洪家大屋即清左都督洪起元故居。民国三年（1914年）7月出版的刘瑾所著诗集《林下诗存》，有题为《再至应邑寓开国功臣府之锡善堂》诗一首，诗后自注："府为都督洪起元故居。"

　　洪起元（1621~1696年），字瑞芝，号义庵，身材魁梧，方颐大耳，长身，猿臂，善射，好谈兵事。清顺治二年（1645年），应募投军，授千总，屡立战功，擢升游击，隶属江西总兵金声桓。五年正月，金声桓反清，他率所部入赣州，归属巡抚刘武元，参与平定金声桓及广东总兵李成栋的反清活动。继又参与镇压郑成功的抗清斗争。康熙八年（1669年）擢升武昌参将，旋调永州。十二年改任宁波参将加副将衔。十三年，藩王耿精忠踞福建反叛，邀他参与，他拒绝引诱，旋奉命剿叛，屡立战功。后叛将曾养性进犯台州，他出城拒战，喉部中鸟枪铅丸，仍力战不已。十四年晋升都督同知，寻授严州副将，统兵进攻遂安，先后五捷，斩获甚多。十五年七月，开化叛将白显忠以官爵引诱他，他怒打来使，即率军攻打开化，四战而克，招降叛将 300 余人，兵 12000 余人，安抚流民 2 万余人；九月，康亲王进军福建，耿精忠投降，他率军抚剿湖州、温州的余党，收复方和、松阳、龙泉三城。十八年以战功晋升左都督。

清康熙二十一年（1682 年），洪起元东征西讨 38 载，自觉老迈，是年以病解任回乡。这一年，开国功臣府开始建造。洪起元府邸由皇家敕建，名号"开国功臣府"，且由康熙皇帝御笔题匾，足见恩荣备至。

开国功臣府建筑别分住所、衙署、祠堂等，规模宏大，气势恢宏。1949 年以前大体保持原貌，中华人民共和国成立后逐渐有改动，至 1970 年前后已面目全非。目前唯余三间二层的清代房屋（为祠堂一部分）。新修《洪氏宗谱》引述祖居理学街的胡陈氏介绍，曾属洪家大屋的地方今有三处：

第一处房子在今理学街南 15 号，原址房子为都督办公之所及接见官员之地。前门厅坐西朝东，门厅造型是"八"字门。门下有 5 级台阶，高 1.5 米。朱红大门，高 3 米。整个门厅屋高 12 米。从大门厅进去是一个院子，院子面积有 150 平方米。到了院子，再向北走 3 米，就是都督办公的 5 间大红屋，坐北朝南。大门下也有 5 级台阶，高 1.5 米。大门两边各悬挂了一块长 1.5 米、宽 30 厘米的大匾。两块匾为康熙皇帝御笔，右边匾上写着"圣旨"，左边匾上写着"开国功臣府"，均为镏金大字。

第二处房子是都督居住生活的地方。房子在第一处大门厅北斜对面 16 米处街心东边，现 12 至 14 号。从街心到住居有一个通道路口，通道宽 2 米、长 6 米，才能到他住居地方。住居房子的结构造型跟第一处房子一样，也是 5 间坐北朝南。现在里面住着 24 至 30 号 6 户人家。

第三处是洪氏祠堂大屋，位于第一处大门厅斜对面北 3 米处，现 22 至 32 号，街心东边也有一条通道长 6 米、宽 2 米，通向祠堂处。祠堂也是坐北向南 5 间屋，中间 3 间，两边各 1 间耳房，是学习、抄谱、开会的地方……在第二处都督居住的北面有 7 间房子，其中 3 间是马棚，4 间是家丁住的。

洪氏祠堂一部分（清初建筑，外墙已改）

胡陈氏的记忆，勾勒出民国时期洪家大屋的大体轮廓，虽然时隔久远，或有一些模糊及不准确的地方，但仍是研究开国功臣府的重要口述资料。

清光绪九年（1883 年）至二十年（1894 年），林传甲一家人寄居开国功臣府之锡善堂达 12 年。林传甲后来撰文回忆道："功臣府之西园有锡善堂焉"，"锡善堂南邻典史署"。据此分析，开国功臣府事实上为四合院，是一座复合型的至少三进三路的并列式院落。

开国功臣府坐北朝南，是以中路为主体，东、西两路为附属的大型建筑群。中路至少三进，谱中所记第一处房子当为中路前院。北方四合院通常将门开在南面，但开国功臣府位于理学街以东，所以门楼西向设立，直面理学街。穿过高大的门楼，便是西路前院。中、西两路前院敞地互通，如此一直东行，转而向北，便是中路前院的 5 间明堂了，也就是洪起元接待宾客的地方了。谱中所记第二处房子当为中路中院或后院。进入西路前院后，沿着四合院中路西墙外的一条狭窄的过道，不仅直达西路后院（西园），也能到达中路中院或后院。中路中院或后院的 5 间明堂，也就是洪起元的居所了。中路前院与中院及后院即可相通，亦可不通。谱中所记第三处房子当为东路后院。沿着四合院中路东墙外的一条狭窄的过道，一直达到东路后院。后院东厢三间房，也就是洪氏祠堂大屋了。据胡陈氏忆述，东、中、西三路后院北面还有一处院落，房屋 7 间，3 间马棚，4 间家丁住房。那么这座最北的院落，通过两条狭长的甬道，可分别与三路院落相通了。

史料记载，清康熙二十七年（1688 年），仅府内家丁就达 200 人，足见其建筑规模。因而，上述基于口述资料所作的分析，仅仅展现的是开国功臣府在晚清民国之际的建筑格局。

洪起元之后，开国功臣府传至洪一栋。洪一栋，字硕庵，号石臣，为洪起元之子，亦善骑射，好谈兵事。17 岁时从应山带自募自训的 150 人到浙江随父从军，自为一队，号线枪手，每战必胜，敌望见皆惊逃，说："洪家父子敢死军来也。"康熙二十一年（1682 年）随父还家。洪一栋亦是乐善好施。洪家有田 5000 亩，其父死后，洪一栋减价卖田，数年间售出一半。清康熙四十八年（1709 年），洪一栋出任台湾府海防同知，将洪起元遗留及卖田银共 2 万两悉数携带入台，此后 9 年间贴补殆尽。洪一栋到任，废除港口稽查人员私人收贿后才予放行的旧规，船到即验行，以便商运；饥年听任商船运米入台，平价出售，以便民食，民商均得其惠。3 年任满，百姓挽留，共任 9 年。康熙五十六年（1717 年），洪一栋冒暑巡海，病死于任所。"台湾民巷哭罢市"，"请祀名宦祠，得如请"。海防同知衙署同仁为其建立"台湾府海防同知洪一栋功德碑记"，碑高 2.2 米，宽 0.94 米，至今尚存于台湾省台南市中西区金华路海安宫庙右。

开国功臣府再传至洪国彰。雍正五年（1727 年），洪国彰升任福宁直隶州知州，遭遇前任遗留的亏空，次年被迫代偿府库银 6000

两，遂致家道日落。乾隆中叶，开国功臣府三传至洪成鼎。洪成鼎谨遵其父洪国彰之命，肇创修延堂。

洪氏祠堂碑记载，修延堂原址为壖地（城下宫庙外及水边等处的空地或田地），洪起元年少时在此亲手种植槐树一株。洪起元致仕后，就槐筑室，并在房屋以南竖起篱笆墙。清乾隆三十三年（1768年），洪成鼎将此处改建为修延堂，成为祭祀洪起元的家庙。

修延堂应在开国功臣府东路的最后两进院落，位置在最北。这两进院落开设有东门。由东门而入，转而向北，庭院中有老槐一株，东厢3间便是修延堂。修延堂飞檐翘角，屋檐伸向庭院的部分，占到整个进深的五分之二。堂广若干步，门楣悬有"修延堂"匾额。左右为夹室，居中为神台。神龛中奉祀洪起元神位，以洪一栋神位袝祀，上悬洪起元遗像；神厨中供奉洪起元生前所用佩刀。堂有后墙，中间有门通向后面两栋阁楼（阁楼或属中路院落），楼与楼之间以厢房相通。堂与楼之间以小屋相连。

前述祠堂大屋与修延堂朝向不同，或为原址改建，或为择址新筑。1970年至2000年间，祠堂大屋成为电力试修厂。2000年后电力试修厂迁出，房屋出售，而高大的屋脊和琉璃瓦至今保有旧貌。

洪家大屋古井

清光绪九年（1883 年），开国功臣府的主人是洪起元六世孙、年届六旬的洪万贞（字乾四）。洪万贞自设学堂，热心公益，在张之洞从子、应山知县张枢的支持下，教习余暇，与乡贤韩幼华、曹英亭、李沐卿等尝试推动地方自治。锡善堂里，洪万贞案头摆放着全县 52 个会的户口册，保甲、团练、义仓、义学等公益事务由他兼管。堂内不设员役，洒扫、抄录等杂务均由其弟子协助完成。

锡善堂之名，名副其实。清代县志记载，洪起元之父洪大全，乐善好施，乡民称为"洪善人"。洪起元秉承父志，创建锡善堂，不吝钱财，颇好施予。清康熙二十八年（1689 年）、二十九年（1690 年）两年连荒，洪起元捐粟千石，花费白银万两，自设粥厂 6 处助赈。德安府所属 6 个州县的饥民都到应山城来就食，救活民众无数。洪一栋在县城四门外设茶亭，方便路人，并独立捐修太平桥（后称洪济桥，在监生店街北）。洪一栋次子洪国宝，不仅两次捐修太平桥，遇到荒年，还卖田 14 石助赈。难怪乎县志编撰者感喟："洪氏累代有功于应（山），至今犹乐道焉。"

洪万贞收留帮助林文钊遗属，更是成为中国文化史上的一段传世佳话。

清光绪九年（1883 年）六月十二日，应山典史、调署平靖关巡检林文钊（字丽生）病逝。林文钊是福建闽侯人，这年其妻刘韫携长女林贵馨、三子林传甲、林传树、林传台及乳母万贾氏刚迁居应山典史衙署不久。家人将其灵柩运往武昌安葬后，返回应山，寄居比邻典史署的开国功臣府西园之锡善堂。洪万贞之母杨氏（杨涟的玄女孙），年近百岁，刘韫引为忘年交，执以弟子之礼。林传甲这年 6 岁，师从应山塾师杨宝书读书，同时拜入洪万贞门下求学。其后，林传树、林传台相继拜在洪万贞门下。

林家在洪府住了 12 年，林氏三兄弟受洪万贞的悉心教导，均是学而有成。"乡贤洪乾四先生耆年讲学，闽侯林氏三子从之。传甲儒而商，传树佛而医，传台道而农。先生因材施教，循循不倦。今传甲名满天下，传树业重京师，传台拓殖塞外，而洪先生成器之训，不徒为楚学光矣!"

其中，林传甲（1877~1922年）在母亲及恩师的悉心教导下，有神童的美誉。光绪二十二年（1896年），19岁的林传甲创办了湖北时务学堂。此后两年，又相继创办衡州时务学堂、湘江常宁时务学堂。他以卓越的才能与学识，深受湖广总督张之洞赏识。光绪二十八年（1902年）乡试第一。两年后，经严复举荐，管学大臣张伯熙亲聘其为京师大学堂国文教授，主讲中国文学史。其撰写的讲义出版后，成为国内首部《中国文学史》。光绪三十四年（1908年）起，在黑龙江、湖南、湖北、北京、广西、内蒙古等地兴办教育，为黑龙江近代教育的奠基者。民国六年（1917年），愤于"外人谋我之急"，在中国地理学会发起编纂《大中华地理志》，出任总纂。编纂出版有浙江、江苏、安徽、福建、京师、京兆、湖北、直隶、山东、湖南、吉林等省地理志，以及《大中华直隶省易县志》《察哈尔乡土志》等。为中国近代史上著名的教育家、方志学家。林传甲事业有成后，深情地说："在应山读书十二年不迁，乃能学得'有恒'二字也。"

林传甲回忆锡善堂说："湖北省应山县城内理学街功臣府之西园有锡善堂焉，康熙时都督洪起元所建筑，编修程芳朝所题额也。""堂前为园林，有椿树一，梧桐树一，皆蔽芾参天；桑树数株，可以养蚕。左倚修竹百余竿，右有老桂一，围以花墙，传甲兄弟分区植物为菜圃，为花园。堂后有槐一，腊梅一，葡萄架一。堂东有枣一，柿一，木海棠一，南天竹一。因此多识草木之名。"

锡善堂当是开国功臣府西路最北的院落，符合北方传统四合院中将园林设在西面的习惯，所以这类园林又俗称西园。光绪中叶，102岁高寿的洪杨氏谢世，为了纪念母亲，洪万贞在锡善堂前的街道上建造了一座百岁坊。

　　文献来源：《广水地名拾贝》。

洪济桥

黄海卿

　　洪济桥，位于蔡河镇监生店街北，原名太平桥。清同治《应山县志》谓："（桥在）监生店街北，距城十五里，经邑人洪一栋捐修一次，子国宝捐修二次，因名洪济桥。"

　　桥为石拱桥，系用麻面红石条所砌，石上多有似雨点溅落的斑点，因而又名"雨点桥"。原桥两端各立石碑一通，记载该桥建于元末，碑均失落。桥东西向跨监生店河，长 32 米，宽 5 米，高 4.4 米。石拱 4 孔，每孔跨度 5.3 米，高 3 米。1980 年将桥面扩宽至 10 米，为公路桥。2008 年省道平浟路全线扩宽时拆除，改建扩宽为水泥平板桥。

　　监生店，清同治年间已形成集市，因明朝此地出了一个监生，在枣林岗开店兴集，故名。老街呈南北走向，长 150 米，宽 5 米。沿平浟公路，建新街一条。

　　百姓传言，康熙年间，左都督洪起元携夫人率部行至监生店街北，山洪暴发，河水汹涌，人马不能过河。焦急间，洪起元夫人念道："洪水止住，等我人马过去，日后定当在此处修建一座大桥。"话音刚落，河水立刻减缓，待洪起元带领人马飞速过河，水流又复汹涌。后来，洪起元为兑现承诺，令儿子洪一栋在此修建大桥。修桥动工下脚时，因河道较宽，河床很深，淘不见底。后经路过的高人指点，在河床上用稻草垫底，上扣辗盘为基，工匠照此施工，果然成功（2008年拆桥重建淘底时，还翻出了不少稻草）。工程历经数月，券拱即将合拢之时，一老者前来言说："明日要下大雨，河里发大水，桥肯定合不拢。再说，即使修成了，日后过龙时定然会冲垮。"洪一栋说："老人家，我们打个赌，明天雨再大，桥照样成功，至于过龙毁桥，我自有办法。"次日，大桥三孔合拢之时，果然狂风大作，电闪雷鸣，大雨倾盆。雨滴砸在桥墩和护栏上，成水点凹痕状，密密麻麻（故而后来人称"雨点桥"）。然而，因有镇桥之宝，大桥如期合拢。原来，洪一栋为避免桥被大水冲毁，遂将父亲征战用的宝剑暗中安放在桥墩中，作为镇桥之用。大水从桥北溜过，冲毁附堤，大桥安然无恙。过后，监生店附近之饶姓大户提议，在桥北冲毁的附堤上再券一孔，成为后来的四孔石桥。桥建成功后，方便了南来北往的行人，人们感谢洪家修桥，特起名"洪济桥"，并刻石碑立于桥头。

文献来源：《广水地名拾贝》。

辑十　附录

洪起元功臣府事文录

洪氏应山派世系初探

洪孝忠

　　我们洪氏应山派在 2011 年修族谱时，由于时间仓促和资料缺乏，对历代世系只做了粗线条的记录。从始祖洪绍（以下尊称绍公）到洪经纶（以下尊称经纶公）中间 13 代世系无记载；从经纶公到洪讬（洪起元高祖的父亲，以下尊称讬公）中间 24 代的世系也没有列出，造成世系中断，有失依据。

　　族谱修完之后，洪氏广水市宗亲联谊会一直坚持寻根求源，经过几年的努力，广泛搜集资料，严密考辨论证，终于理清世系的来龙去脉，连接上中断的世系，特列图如下（左为长子，依次向右），以便洪氏宗亲知其历代世系脉络，弄清祖宗渊源。

一、绍公至经纶公世系

绍公至经纶公世系表

世系		世系	
1	绍	8	恩、惠
2	举（绍公第八子）	9	澄、清
3	袭、绩	10	樽
4	玄班、玄观	11	世头
5	钦	12	公锡、公畅
6	副	13	子舆
7	明	14	经纶

二、经纶公至讬公世系

经纶公至讬公世系表

世系		世系		世系	
14	经纶	23	元宵、元宝	32	真英
15	旦、仙、全	24	训、变	33	仲有
16	组、校、望、亨、贞	25	棣	34	進、逸
17	凤、鹊、仙	26	拱、櫃、樽	35	以献、茂
18	勇、往、师敏	27	元兴、仲城、元靖、斌	36	坤仁、坤义、坤正
19	豪、绪、万	28	筠、弥绍、弥坚	37	显
20	长、隽	29	师尹、师菲、师道	38	讬
21	保泽、论官、颜泽、乐官	30	渐		
22	十六、智瑶	31	光远、光大		

上述世系图依据从何而来？主要来自于下列材料：

1. 广水市现存老族谱一套（简称老谱）。

2. 上海图书馆藏《严陵洪氏统宗谱》全套（简称馆藏谱）。

3. 洪氏家族史研究专家洪邦军教授和洪国源合著的《新安洪氏源流考》专著全套。

4. 其他有关资料。

馆藏谱《序》载："东晋元兴年间，尚书绍公由丹阳迁遂之旧县木连村，生八子泰、楷、舒、勋、纂、荣、诞、举。其后分迁不一，荣、诞二公迁居寿昌。举公之子袭公迁徽、歙、绩、婺（徽州、歙县、歙州、绩溪、婺源），讬公迁居永平。五子纂公宋元嘉中为始新令，今之淳安也。"

馆藏谱之《洪林二派序》又载："都督瑞翁（起元公，字瑞芝）系尚书公第八子举公嫡裔，削平六邑，坐镇严陵七载于兹，口碑载道。"

起元公在老谱《洪氏统谱序》中自述："嗣孙起元考古卜世卜年，考始祖经纶公实出自遂安木连村绍公之裔，发祥于新安，如遂安、淳安、徽歙、江东新安，实同宗共脉者。至经纶世二十五世孙讳讬迁居永平府卢龙县，先朝封为资政大夫，此为起元的始祖。"

《新安洪氏源流考》载有绍公至经纶公若干世系，与我们梳理的世系相同。该书还载有《芹溪洪氏族谱》中的《荣仕公列传》，称："公讳荣仕（起元公曾祖文），经纶公裔孙。公本出经纶公曾孙鹄公之后。与芹溪洪氏同出校公。校公二十三代孙讬迁居北直永平府卢龙县。"

上述材料从不同的角度表明，绍公第八子举公的后代到经纶公第三子全公，由全公到讬公，是今洪氏应山派一脉之源。

两套族谱中还有大量的各派世系列表，经过细致推敲、反复梳理，终于找出并理清绍公第八子举公后裔一枝，即绍公至经纶公，经纶公至讬公的世系关系，连接上历代世系。

当然，可依据的资料，可采纳的信息还不止这些。由此可知洪氏应山派实为绍公第八子举公嫡裔，经纶公之后，讬公裔孙。虽然代远年湮，仍木根水源，清晰有据。

历代世系终于弄清，既丰富了洪氏应山派族谱的重要内容，又为洪氏应山派与外地本家氏族交流联谊提供了重要支撑。

路漫漫其修远兮，吾将上下而求索。洪氏应山派历代世系连接取得重要成果，值得庆贺。但起元公以后的世系分枝还有待于做进一步的分析探究。洪氏文化源远流长内涵丰富，值得洪氏后裔继续去发掘、探究、继承、发展，这些都希望再取得新的成果。

绍公五十四世孙孝忠拜撰

2017 年 12 月

洪氏应山派与江西婺源

洪孝忠

　　婺源是今江西省最北部的县级市，与安徽接壤。历史上曾属安徽歙县或歙州管辖。历史悠久，物产丰富，环境优美，民风淳朴，被誉为全国最美丽的乡村。

　　洪姓是婺源大姓。2011 年修族谱时，族上委派孝忠、孝礼（洪流）兄弟到婺源考察，写有《婺源寻根记》载于族谱。文章认为，婺源是洪氏应山派的根源地。

　　近几年的研究进一步发现，婺源县的官源（官坑），洪村、车田、轮溪、洪源（戴坞）等地，与洪氏的发源、定居、迁徙有着密切的关系，这里只就洪氏应山派与婺源的关系做进一步的探讨。

　　据《洪经纶传》载："经纶公配金氏，生三子旦、仙、全，旦居休宁黄石（今黄山市），仙居丹阳荆村，全居婺源官源。"全公是洪氏应山派十五世祖，这就表明婺源是洪氏应山派先祖的住居地。

　　《荣禄大夫骠骑将军镇守严州左都督洪起元神道碑》载有"公讳起元，字瑞之，先世由严州徙歙县，六世祖讬，明成化进士，官大理寺少卿，寄籍北直卢龙。"这表明，起元公先祖曾住居歙县。历史上歙县曾管辖婺源，歙县或歙州行政区包含婺源，所以人们表籍贯时称歙不称婺。

　　《洪督公家庙碑》也载有"洪初处歙，迁于卢龙"，这也表明起元公先祖开始住居在歙县（州），包含婺源，后来在讬公时迁居永平府卢龙县（今属河北省秦皇岛市）。

2011 年，孝忠、孝礼两兄弟在婺源寻根时，阅读过那里几派的洪氏族谱。发现他们多以经纶公为先祖，其中官源（坑）派的世系与我们应山派的最接近，当即记录下来，现转录如下，与应山派世系作比较。

官源派与应山派前 20 世系比较

世系	官源派	应山派	世系	官源派	应山派
1	经纶	经纶	11	道训	训
2	全	全	12	棣	棣
3	校	校	13	樽	樽
4	鹄	鹄	14	斌	斌
5	往	往	15	弥坚	弥坚
6	豪	豪	16	师颜	师道
7	长	长	17	茂椿	渐
8	论官	论官	18	光海	光远
9	智瑶	智瑶	19	善庆	真英
10	元宝	元宝	20	友仁	仲有

世系载明官源派以经纶公为始祖，是经纶公第三子全的后裔。应山派也是以经纶公为先祖，也是其三子全的后裔，两派同根源。世系 1 至世系 20 基本相同，表明洪氏应山派一支先祖曾住居婺源官源，后来几经迁徙，在明朝后期落籍应山。

近期研究还发现，官源派的世系来源于清朝乾隆年间（1788

年）洪文陛、洪士衔主修的《官源洪氏总谱》，应山派的世系来源于清朝康熙年间（1682 年）洪起元主修的《严陵洪氏统宗谱》。两谱修编时间相隔百余年，两地相距千余里，两派世系却基本相同。这不是偶然的巧合，而是同根同源的结果。

起元公在《淳安锦溪谱序》中自述："余祖由敦煌歧派永平，阅有十一世，官中州而家焉。今余两代寓楚之乐安（属江西）。虽经播越，班班可考。"这也表明起元公先祖曾住居江西。

综上所述，可以进一步明确今江西婺源是洪氏应山派木根水源之地，与洪氏家族的发生、发展有密切的联系。

绍公五十四世孙孝忠拜撰
2018 年 1 月

续修宗谱序

洪孝忠

家之有谱，犹国之有史；国兴编史，而家盛修谱。值此国兴家盛之时，家谱修编正当其时。我洪氏应山派最后一次参与纂修统谱，时在康熙十九年，距今已历 300 余年。洪氏应山派续谱在光绪三十年，至今已百年有余。数百年来，人丁繁衍，户口迁移，居住分散，致使同宗不相识、同族不相亲，世系易混，长晚莫辨。因此，续修宗谱，意义重大。

洪姓是海内巨姓，宗亲遍布中国大陆及台湾、高丽、越南等地，人口众多，支派庞大。且今国家兴盛，交通便利，因学习、工作、生活等原因，人口流动迁移频繁。若修编中华洪氏统谱，则困难颇巨，一时难以奏功。故纂修一支一派之宗谱，合乎实际，实行亦易。所以，我洪氏应山派族人，于 2007 年修缮祖坟、清明祭祖之时，商议续修本派宗谱事宜。阖族经数年努力，如今告成，实为洪氏之大幸事！

我洪氏姓大族宽，簪缨世胄，人才辈出。自敦煌起始，到汉兴以来，世及东晋。始祖绍公，官尚书门下侍郎、光禄金紫大夫。其后激流勇退，于元兴年间，迁居遂安木连村，终归于武强山。夫人王氏、陶氏，俱出望族。陶氏乃官宦之后，系东晋大诗人陶渊明之曾孙女，育有八子。第五子纂公，官始新令，迁居昌期厌村，富甲一方。此后子孙繁衍，分迁四方，遍布青州、下邳、丹阳、豫章、盱眙、鄱阳、天目、福建、浙江、江西婺源等地，可谓星罗棋布。其婺源一支，是我洪氏应山派之源。为弄清根源，2011 年 3 月，族上派我与堂弟洪流（派名孝礼）到婺源寻根问祖。历时数天，行程 3000 里，我们终于厘清头绪，洪氏应山派之根源，确实源于江西婺源县。始祖绍公之裔经纶公，即居该县段辛乡官源村，坟冢尚在，墓碑犹存。作为经纶公后裔的一支，洪氏应山派始祖于明代崇祯年间，因战乱迁居此地，迄今历有 400 年有余。

据族老讲述，首先到应山的是兄弟二人，兄住邑南骆店乡东面的堰塘村，养其父。此后家族兴旺，人口繁衍，形成近百人聚居的村落，至今仍名洪家湾。弟住邑北观音堂东边的一个山村，养其母。人丁亦旺，形成百多人居住的大村落，并办有学堂，因此称做学堂湾，其后统称洪家老湾。

洪氏迁居应山，人丁兴旺、家族昌盛。还有一个传说讲的是，落籍应山后，洪氏祖先结交了一位刘姓风水先生，人称刘阴阳。两姓友好，洪氏有位老人逝世，请刘先生择坟地。先生在考察了洪家老湾的地脉风水后说：你们湾就有一块风水宝地，做阴宅，葬故人，后世必然昌盛。然天机不可泄漏，如告诉你们，可能祸及于我。洪氏族人说：先生与我洪氏世代友好，情同兄弟。如能指明宝地，我们感激不尽。先生如有不测，洪家愿为你养老送终。刘先生感其至诚，于是指出洪家老湾是块凤凰地，凤凰头就在老湾屋后正中的坡地上，可择为祖坟之地。于是，洪氏族人将这里选做祖坟之地，埋葬先人，后世家族果然昌盛。后来刘先生双目失明，洪家亦不食言，奉养先生善终。以后年节祭祀，洪氏后人均为刘先生点一柱香。此俗传延至今，以示洪家不忘先生恩德。

话接开头，2007 年，洪氏应山派议定续修宗谱，亲浩、为友、孝礼等率宗谱编修一班人员，广为宣传，家喻户晓。阖族积极响应，出钱、出力、出智，共襄盛事。编修委员会广泛收集资料、征集信息，获得大量有价值的文献资料，为续修宗谱奠定坚实基础。但因洪氏应山派老族谱上卷遗失，遍寻无果，所以此次续修只能以老族谱下卷为据。结合其他支派情况，追根溯源，确知我们应山洪氏如一源之水，情义相关。凡报祖宗功德，春秋祭祀，同声相应，共理连枝而有亲情之谊。且后之子孙，知其脉络分明，派出同源，千载以后，不忘根本，此是修谱之大义也。

2011 年 3 月

文献来源：《洪氏宗谱》。[1]

1　录入本书时，略作修改。

寻宗记

洪　流

　　续编广水市《洪氏宗谱》间隙，我通过多种途径，广泛联络境内外洪氏宗亲，竭尽所能，力求洪氏根源更准确、脉络更清晰。告慰先祖，裨益后人。先祖佑我，江西寻根，不虚此行；市内寻宗，绩效喜人。

刘姓回宗录

　　明万历年间，应山知县刘明梧[1]，育有九子一女。"悦兹山水秀丽，风俗醇美，遂卜宅而籍焉。"为达十全十美之愿，"祖生九子，抱一子[2]，以成数。"因所抱之子行九，故后世尊称"天九公"。其子孙后世，改姓刘氏。刘氏十子分庄（分家）时，天九公庄田所在，即今长岭镇万安村一组[3]洪家湾[4]。

　　天九生尚。尚生俸礼。俸礼生二子，次子士仁。士仁长子回宗，取名洪啟宾[5]。啟宾生国景。国景娶赵氏，生明扬。明扬生二子，长中俊、次中秀。士仁次子之学[6]，仍姓刘。之学生啟国。啟国生

　　1　原注：《应山县志》有载。

　　2　原注：抱应山洪姓一子为婿。

　　3　原注：原四组。

　　4　原注：原名洪家陇，也称九分湾。见印台花园《刘氏宗谱》卷一《分庄记》，第20—22页；洪家湾图，见卷一《旧居》，第11页。

　　5　原注：即明梧公六世孙、九天公五世孙。见《刘氏宗谱》卷一《回宗录》，第81、337页。

　　6　原注：洪啟宾胞弟。

汉旺。汉旺之子亦回宗，取名洪中伦。至此，中伦与堂兄弟中俊、中秀、中义，始用康熙皇帝御赐字派，以"万"、"世"、"兴"为子孙取名[1]。然自启宾六世孙兴荣、兴楷、兴国之后，应山洪、刘二姓均未续谱，后世子孙迁移暂无确考。

以上所述，是我从刘传珠[2]家藏《刘氏宗谱》复印本考证所得，并复印该谱保存。为力求真实，我又联络刘氏老谱收藏人、长岭镇万安村刘传厚，刘氏宗亲理事长、陈巷镇烈士塔村刘永成，并将刘氏百年老谱带回城关（市区）核对。上述《分庄记》《回宗录》，确系老谱复印无误。然《刘氏宗谱》第81页洪启宾名下，附注"回宗后改起元"；第337页《回宗录》洪启宾名下，注"后改起元"。经核对咸丰辛酉年刘氏老谱，确认附注失实。现刘氏九分湾后裔[3]，实为洪氏宗亲无误。

寻宗活动，得到了天九公十五世孙、启宾公十世孙、广水市卫生局副局长刘意生的认同。一行数人，参观了位于理学街的先祖洪都督起元公故居[4]，并在洪家大屋遗址前合影留念。

吴店、郝店洪氏

少时，我便知洪家老湾有为保公同门宗亲，早年迁往郝店、吴店两地，每年春节期间，常有来往。在蔡河镇工作后，也常有吴店、郝店之冯姓人士，称洪姓人士为"自家人"。究其原因，历史上二姓之间曾互有改姓。

此次续谱期间，洪亲才、洪为强于去冬今春，二度赴郝店、吴店寻亲。因洪姓改"冯"调查无果，江西寻根回来，我便通过地方

1　原注：见《刘氏宗谱》卷一《回宗录》，第337—338页。
2　原注：刘传珠，广水市审计局投资科科长，天九公十五世孙、洪启宾十世孙。
3　原注：有谱记载，主要分布在长岭镇五一村、黑虎村和安陆等地，总人数逾千。
4　原注：城关印台山下。

政府，找到吴店"洪"改"冯"的知名人士、曾任镇卫生院院长的冯大发先生座谈。经他证实，吴店曾有 33 户，于 1984 年易"洪"为"冯"，至今此地仍有洪氏祠堂。其本人工作档案所记，姓氏仍然为"洪"。这 33 户洪氏宗亲，于 1984 年改姓"冯"后，又在 1989 年按政策都办理了居民身份证。其后虽有族人动议归宗为"洪"，无奈史料不全、辈份不同，是"洪"是"冯"，终难定夺。

若此支确系洪氏后裔，何时归宗？我应山洪氏翘首以待。

迁居江南之应山洪氏

应山老谱记载："（汉泥冲）洪世传次子洪兴祖[1]，配王氏[2]，生三子。迁居江南。"但其三子名讳阙记，难以着手访查。经考究，"江南"现指安徽省宣城地区及宁国、广德等县市。

近年以来，湖北广水、安徽宁国两市交往互动频繁，广水电视台曾四度赴宁国采风。宁国应山后裔，十之八九至今乡音未改。洪氏回宗，定有归期！

清明将至，新谱即出，族上宗亲，盼之心切。以上三记，尽我所知，悉数奉上。然因史料不全，加之时间匆忙，未能考察详细，唯有留待来日探明续补。

2011 年 3 月 24 日子夜

文献来源：《洪氏宗谱》。[3]

1　原注：道光丁未年生于汉泥冲。

2　原注：戊申年十月生。

3　录入本书时，略作修改。

四件宝物的传说

洪孝忠　整理

相传，洪氏先祖曾有四件宝物：千人枕、万人毡、三块柴和赤龙剑。千人枕是个枕头，外形和普通的圆筒枕一样，但能粗能细，能长能短，大人可枕，小孩也可枕；一人可枕，千人也可枕。万人毡是条毯子，能厚能薄，能大能小，热天可盖，冷天也可盖；一人可盖，万人也可盖。三块柴是三块劈柴，煮饭烧火，一点就着，饭熟就熄，永远烧不完。赤龙剑是把宝剑，寒光闪闪，锋利无比。

四件宝物从何而来？传说洪起元从军前，在大户人家任采买。他结识一位姓庞的同行，两人成为朋友。一天，朋友告诉洪起元，自己是龙宫的人，有需要帮忙的事可以找他。当时，应山县常有姑娘无故失踪，案子久侦不破，惊动朝廷出了皇榜，征集破案的人。洪起元想破案为民除害，但没有办法，问朋友能否帮忙。朋友说：龙宫有个坏厨师，喜欢用姑娘心肝做汤喝。这些失踪的姑娘，都被他抓到龙宫去了。你若想破案救人，我愿帮忙。洪起元说：人在龙宫，我怎么进得去，救得了？朋友说：你跟着我，闭着眼，就能到龙宫去。寻着机会，你把那厨师杀了，就能救人。只是那厨师和平常人不一样，他睡着了还睁着眼。于是，洪起元跟着朋友进了龙宫。他潜到厨房，找到贮藏间，一看，果然坐着一位姑娘。晚上，洪起元又潜入厨师卧室，听到鼾声如雷，借光一看，厨师果然双眼大睁。

洪起元手起刀落，砍下他的脑袋，又打开贮藏室，救出那位姑娘。洪起元和姑娘一起拿了千人枕、万人毡、三块柴这几件宝物，在朋友的帮助下出了龙宫。

　　第二天，洪起元揭了皇榜，破了此案。皇帝大喜，在金銮殿召见他。见他智勇双全，相貌堂堂，身长八尺，臂力过人，皇帝便要他带兵打仗，保国安民，还赐其一把赤龙宝剑。洪起元迎娶那位自己救出的姑娘为妻后，听从皇命，携带四件宝物，南征北战，屡建战功，后来官至都督。

　　这四件宝物如今在那里？赤龙剑埋在监生店街北洪济桥石拱下，防止发大水过龙时冲毁桥墩。千人枕、万人毡、三块柴，在洪起元告老还乡后放在家里。洪起元有一女，婆家不富，女儿回娘家时，偷偷将千人枕剪了一截，万人毡剪了一块，三块柴拿了一块带回婆家。哪知宝物一破，神力丧失，成为寻常物件了。

2010 年 6 月

文献来源：《洪氏宗谱》。[1]

　　1　洪亲富、洪亲福、洪为钧、洪为友、洪为成口述，洪孝忠整理。录入本书时，略作修改。

洪济桥的传说

洪　流　整理

洪济桥，又名洪氏雨点桥，坐落于广水市蔡河镇监生店街北省道平浟公路5公里处。原系石拱桥，长30米，宽4米，高10米。相传，桥是清代康熙间左督都洪起元所建。2008年，省道平浟路全线拓宽，拆除石拱桥，改建为水泥平板桥。

相传，康熙年间，洪督都携夫人一行人，途径应山监生店北，突遇山洪暴发、河水汹涌，人马不能渡河。坊间传言，洪夫人曾是龙宫水帘洞宫女，她发愿道："洪水止住，等我人马过去，日后定当在此修建一座大桥。"话音刚落，河水立刻止流，在上游聚集起数丈高的水头。待督都公一行人策马渡河，水头方才倾泄而下。后来，督都公为兑现承诺，决定在监生街北修建大桥。

动工下脚（筑基）时，工具简陋，但河道较宽，河床很深，淘不见底。后经路过高人指点，在河床上用稻草垫底，上扣辗盘为基。工匠照此施工，果然成功（据当地住民证实：2008年拆桥重建淘底时，还翻出了不少稻草）。

工程历时数月，待券拱合龙之时，有一龙王见建桥影响其畅游通行，遂变作一位老者，前来劝阻。他说：明日要下大雨，发大水，桥肯定合不拢。再说，即使修成了，日后过龙时定会冲垮。督都公说："老人家，我们打个赌，明天雨再大，桥照样成功；至于过龙毁桥，我自有办法。"次日，大桥二孔合龙时，果然狂风大作，电闪雷鸣，大雨倾盆。雨滴砸在桥墩和护栏上，顿时呈现凹状痕迹，密密麻麻。然而因此桥有镇桥之宝，大桥如期合龙竣工。原来，督都公为免日后大水冲毁桥梁，遂将当年夫人从龙宫带出的"赤龙剑"暗中安放在桥墩中，作为镇桥之宝。龙王不服输，驾起水头，想要冲毁桥梁。岂料龙头冲至桥边，桥墩内放置的宝剑金光闪现。龙王胆怯，为躲避赤龙剑，只得从桥北溜过，冲毁护堤，大桥安然无恙。水毁过后，监生店附近的饶姓大户提议，修复洪济桥护堤，合力在桥北冲毁的护堤上再券一孔，成为后来的三孔石桥。

　　桥建成后，方便了南来北往的行旅。人们感念督都公的恩德，特为此桥取名"洪济桥"，并篆刻石碑立于桥头。民间传说，督都公辞官返乡后，为造福桑梓百姓，自应山县城南门至平靖关，相继又建起 8 座桥梁，它们分别是南门桥、观音堂桥、黑家庙桥、柳林河桥、蔡家冲桥、天生桥、南岭桥、北岭桥、平靖关桥。

　　文献来源：《洪氏宗谱》。[1]

1　洪亲福、洪亲木、洪为友口述，洪流整理。录入本书时，略作修改。

主要参考文献

1. 洪起元主修；洪士祥等纂修：《严陵洪氏统宗谱》，上海：上海图书馆藏清康熙二十一年刻本。

2. 陈祥有修；陈孔璋编：《永阳义门陈氏宗谱》，应山陈氏家藏清光绪二十二年刻本。

3. 李桓辑：《国朝耆献类征初编》，《清代传记丛刊·综录类》，台北：明文书局，1986年。

4. 国史馆编：《汉名臣传》，《清代传记丛刊·名人类》，台北：明文书局，1986年。

5. 钱仪吉纂录：《碑传集》，《清代传记丛刊·综录类》，台北：明文书局，1986年。

6. 丁宿章辑：《湖北诗征传略》，清光绪七年孝感丁氏泾北草堂刻本。

7. 贺龙骧等：《重刊道藏辑要》，成都：巴蜀书社，1995年。

8. 潘时彤纂辑：《昭烈忠武陵庙志》，《成都旧志丛书》，成都：成都时代出版社，2007年。

9. 虚白道人辑：《（沔县）忠武祠庙志》，《中国祠墓志丛刊》，扬州：广陵书社，2004年。

10. 周元文纂辑：《康熙重修台湾府志》，《台湾文献史料丛刊》

第一辑，台北：大通书局，1984 年。

11. 李廷璧修；周玺纂：《道光彰化县志》，《台湾文献史料丛刊》第一辑，台北：大通书局，1984 年。

12. 王礼修；陈文达等编纂：《康熙台湾县志》，《台湾史料汇编》，北京：全国图书馆文献缩微复制中心，2007 年。

13. 郝玉麟修；谢道承纂：《乾隆福建通志》，北京：国家图书馆藏清乾隆二年刻本。

14. 周澄修；张乃孚纂：《嘉庆合州志》，北京：国家图书馆藏清嘉庆八年增刻本。

15. 卢崧修；江大键、程焕纂：《乾隆彰德府志》，北京：国家图书馆藏清乾隆五十二年刻本。

16. 邹锡畴修；唐济等纂：《光绪遂安县志》，北京：国家图书馆藏清光绪十六年刻本。

17. 罗廷权续修；何衮等纂修：《光绪资州直隶州志》，《中国地方志集成·四川府县志辑》，成都：巴蜀书社，1992 年。

18. 涂长发修；王昌年纂：《嘉庆眉州属志》，《中国地方志集成·四川府县志辑》，成都：巴蜀书社，1992 年。

19. 黄允钦等修；罗锦城等纂：《光绪射洪县志》，《中国地方志集成·四川府县志辑》，成都：巴蜀书社，1992 年。

20. 濮瑗修；周国颐纂：《道光安岳县志》，《中国地方志集成·四川府县志辑》，成都：巴蜀书社，1992 年。

21. 李拔等纂修：《乾隆福宁府志》，《中国地方志集成·福建府县志辑》，上海：上海书店，2013 年。

22. 刘宗元等修；吴天赐纂：《同治应山县志》，《中国地方志集成·湖北府县志辑》，南京：江苏古籍出版社，2001 年。

23. 赓音布修；刘国光等纂：《光绪德安府志》，《中国地方志集成·湖北府县志辑》，南京：江苏古籍出版社，2001 年。

24. 孙铭钟等修；彭龄纂：《光绪沔县志》，《中国方志丛书》华北地方，台北：成文出版社，1969 年。

25. 罗暹春撰：《水南灌叟遗稿》，《清代诗文集汇编》，上海：上海古籍出版社，2010 年。

26. 彭启丰撰：《芝庭先生集》，《清代诗文集汇编》，上海：上海古籍出版社，2010 年。

27. 查礼撰：《铜鼓书堂遗稿》，《清代诗文集汇编》，上海：上海古籍出版社，2010 年。

28. 韩明烺撰：《旌孝录》，北京：国家图书馆藏清咸丰九年刻本。

29. 释达彻编：《凌云诗钞》，成都：四川图书馆藏清嘉庆二年刻本。

30. 丁治棠著：《仕隐斋涉笔》，成都：四川人民出版社，1985 年。

31. 林下老人撰：《林下诗存》，上海：上海商务印书馆，1914 年。

32. 张钟炘、杨承禧等撰：《湖北通志》，《中国省志汇编》，台北：华文书局，1967 年。

33. 郑贤书等修；张森楷纂：《民国新修合川县志》，《中国地方志集成·四川府县志辑》，成都：巴蜀书社，1992 年。

34. 林传甲总纂：《大中华湖北省地理志》，上海：上海商务印书馆，1919 年。

35. 林传甲：《锡善堂教子记》，《中华妇女界》第 2 卷第 4 期，1916 年。

36. 上海图书馆编：《上海图书馆馆藏家谱提要》，上海：上海古籍出版社，2000 年。

37. 王钟翰：《王钟翰清史论集》第 3 册，北京：中华书局，2004 年。

38. 台湾银行经济研究室编：《清代台湾大租调查书》，《台湾文献史料丛刊》第七辑，台北：大通书局，1984 年。

39. 湖北省博物馆等整理：《湖北文征》全本，武汉：湖北人民出版社，2014 年。

40. 成都武侯祠博物馆编著：《墨石珍藏：成都武侯祠现存碑刻》，北京：科学出版社，2018 年。

41. 殷时学、陶涛主编：《羑里城志》，郑州：河南人民出版社，2007 年。

42. 广水市洪氏宗谱编纂委员会编：《洪氏宗谱》，广水：广水市洪氏宗谱编纂委员会，2011 年。

43. 湖北省应山县志编纂委员会编纂：《应山县志》，武汉：湖北科学技术出版社，1990 年。

44. 中共广水市委宣传部编：《人文广水》，北京：团结出版社，2018 年。

45. 李兆成：《武侯祠碑刻之沿革与现状（一）》，《四川文物》，2003 年第 4 期。

46. 李兆成：《武侯祠碑刻之沿革与现状（二）》，《四川文物》，2004 年第 5 期。

47. 李兆成：《武侯祠碑刻之沿革与现状（三）》，《成都大学学报》（社科版），2005 年第 6 期。

后 记

洪 流

先祖洪起元，字瑞芝，号义庵。明天启元年（1621年）生于湖北省应山县，乃一介清贫布衣。清朝初立，战乱未平，义庵公响应朝廷号召，于顺治二年（1645年）应募从军。因其作战英勇，屡立战功，历任江西南赣镇标游击、中军游击、湖广郧阳镇标中军游击、武昌镇标中营游击、永州府镇标中营游击、浙江提督中镇、严州总镇，位至左都督（正一品），被誉为开国功臣，名列清国史馆编纂的《汉名臣传》。康熙二十一年，义庵公以疾乞休，康熙帝诏令在应山县城营造开国功臣府，作为他退休后的住所，并御赐"开国功臣府"金字匾牌。

义庵公退休后热心家乡事业，关心百姓疾苦。灾荒之年，捐银万两、粮食千担，救济灾民，使附近几县数十万百姓免于饿毙。匪兵攻打县城，义庵公与其子石臣公，带领家丁乡勇拒敌，力保县城无虞，乡民免于涂炭。苛捐杂税盘剥百姓，义庵公首倡禁革里役，轻徭薄赋，造福乡里。

先祖洪一栋（1658~1717年），字硕庵，号石臣。少有大志。年轻时应父召唤，在家里募集丁壮150人，训练有素后编入义庵公的队伍，组成洪家敢死军。每战必冲锋在前，杀得敌人胆战心惊。其后担任台湾府海防同知，勤正廉洁，兴利除弊。任海防同知凡9年，为救济百姓，不仅捐出全部官俸，还将变卖自家田产所得的 2 万余金贴光用尽。清康熙五十六年夏，石臣公冒暑巡海，一病不起，卒于任所。台湾士民闻讯，如丧考妣，悲声遍于民巷，罢市三日。此后，官民又于台南树立《纪功碑》，以志不忘。

义庵公父子保家卫国，功德昭日。公之后世子孙，亦能继承先人遗德，为官则清廉操守，体恤百姓，为国分忧；为民则耕读传家，厚礼重文，誉满乡里。

鉴古知今，学史明智。身为洪氏后人，每思先人事迹，总是受到感染和激励。义庵公父子报效国家、英勇战斗的爱国举动；勤政为民，兴利除弊的为官品质；关爱百姓，济寒赈贫的奉献精神；诚实守信，忠孝节义的家国情怀，不仅是我们洪氏先人的精神写照，也是中华民族优秀传统文化的重要组成部分。优秀的历史文化要传承，优秀的家族精神要继承。如果能把先人的事迹编写出来，既能弘扬中华民族的传统美德，又能丰富地方家史的文化内涵，为社会做些许贡献。

2009 年 6 月，我根据《应山县志》的记载，在"洪氏宗亲网"等网站发表了有关义庵公父子生平事迹的推文，引起了洪氏宗亲及地方文史爱好者的关注与共鸣。机缘巧遇，一个偶然的机会，我在网上结识了身在南方工作、署名"马坪文化学社"的广水地方文史民间研究者胡艳涛先生。我将搜集到的义庵公父子的文献发给他看，并请他进一步搜集、整理，争取编辑成书。艳涛先生接受了我的委托，随即投入大量精力，边上班，边在浩如烟海的史料里查询、搜集、考证、编辑、注释……"千淘万漉虽辛苦，吹尽狂沙始到金"，经过 10 余年的策划，尤其在他返回广水后，历时 3 年有余，潜心编纂，数易其稿，集结成册。今天终于要付梓了，将达成我洪氏宗亲多年的心愿，实乃幸事！在此特向初心不改、矢志不渝，一路艰辛、一路成长的湖北省中华诗词协会会员、随州市民间文艺家协会会员、广水市作家协会理事、地方文史民间研究者胡艳涛先生，致以衷心的感谢！

湖北省原副省长刘友凡同志，两次为本书题写书名；原中共广水市委常委、宣传部长，广水市政协主席，随州市政协常务副主席、党组副书记，湖北省作家协会会员熊宗荣同志，欣然为本书作序；广水市文联副主席、作家协会主席、知名作家黄海卿同志，不仅为本书撰写序言，还多次就该书的内容、编排、印刷出版等诸项事宜，悉心提出意见，给予指导，花费了大量精力。在此，向以上诸位同志表示诚挚的谢意！

本书编写过程中，广水市政协文史与学习委员会给予了充分的肯定和大力支持，在此谨表谢意！

广水市洪氏文化联谊会为编写本书做了大量幕后工作，以骆店宗亲为友叔、瑜浩、孝国及老垱宗亲洪锐等为代表的众多宗亲，慷慨捐资襄助，在此一并致谢！

2020 年 8 月